管理悖论

王树毅　著

中国农业出版社

| 前言 |

1954 年彼得·德鲁克出版了《管理的实践》一书，提出了"目标管理"这一具有划时代意义的概念后，管理学成为了一门学科，吸引了众多管理学者们的追捧。时至今日，已有无数的管理书籍和文章，形成了众多的管理学派、理论、模型、概念、工具和方法，同时也促成了一个庞大的管理产业，成就了很多以此为生的职业者。

不可否认，管理作为"看得见的手"对"看不见的手"具有替代作用。事实上社会现代经济发展也证明，企业管理对于社会经济及企业发展产生了积极的作用。例如，在第二次世界大战早期，由于管理知识在企业实践中得到应用，美国的制造工业取得了蓬勃发展。因此，在第二次世界大战中，尽管美国的人口总数只有其他交战国的 1/5，但其所生产的战争物资却超过其他交战国的总和。

美国制造工业在第二次世界大战期间的成就吸引了人们对管理的注意。战后，英国第一届工党政府财政部长斯塔夫·克里浦斯率先组织人员对美国进行了管理考察活动，并随后提出了具有世界历史性意义的"马歇尔计划"。"马歇尔计划"在英国取得的重大成就，引起了世界的广泛关注，日本随后也对美国进行了考察和学习。接着，欧洲、亚洲、非洲等国都掀起了学习美国管理经验的热潮。而在这股热潮中，世界各国对管理科学的应用也均取得了非常巨大的成就。德鲁克曾这样评价说："凡第二次世界大战后取得经济和社会上迅速进步的地方，都是由系统而有目标的培养管理人员和发展管理的结果。"

尽管管理理论曾经备受世界瞩目并快速兴起，但管理学的热潮后来也遭遇到了衰退。1971年的美元危机致使美国大批企业倒闭，经过深刻反思检讨之后，人们开始意识到美国接受过最好管理学教育经历的人们在这次危机中并未能表现出多么的与众不同，在面对极具挑战的环境面前，管理也并非是能避免危机的万应灵丹。此外，美国安然公司曾十分热衷管理知识的应用，不仅聘请了哈佛商学院大量的高材生，而且与著名的麦肯锡管理咨询公司进行了长期合作，但其最后不仅出现了破产丑闻，而且引发了世界性的关注与震惊。后来，2008年席卷全球的美国次贷危机，也被归咎为是哈佛商学院高材生们的"杰作"。这些事实，都极大地挫伤了企业家们对管理的热衷。

而一些学者同样也不吝对管理理论和可笑的管理实践进行了批评。美国管理学家孔茨1961年就曾用"丛林"来比喻当时管理理论中出现的混乱状态，并指出伴随大量学术研究而来的是管理理论的分歧和冲突。美国战略管理协会的创始人、加拿大麦吉尔大学教授亨利·明茨伯格指出，"虽然冠以'管理'标签的书籍汗牛充栋，但其内容多半与管理无关"，"我们对管理的理解始终停滞不前"，MBA毕业的学生不仅不能胜任管理工作，而且由于十分危险而应该被贴上一个骷髅的标识。英国《经济学人》杂志主编米可斯维特和编辑阿德里安·伍尔德里奇则更是将一些管理大师称为"企业巫医"。美国著名变革管理学者伊查克·爱迪思认为，很多出色的理论和方法都被歪嘴和尚念歪了经，如参与管理、全面质量管理等，都因为被滥用而蒙上了失效的灰尘，使得它们变成了装点门面的工具，而真正的管理精髓和实质却没有获得，结果是所期望的效果最后也没有达到。此外，美国斯坦福大学著名组织行为学教授杰弗瑞·菲佛，以及伦敦商学院战略与国际管理副教授弗里克·韦穆伦等同样也深刻地揭露了那些可笑的管理实践。

企业管理实践到底应该如何进行，很多人陷入了迷途，结果引发了关于管理理论和方法方面的口水战。一方面，管理"专家"们在不遗余力地推销自己的点子，正如"盲人摸象"寓言中，那些只抓住大象一个部分的人一样，他们相信自己的"实践"与判断，"事实如此，岂能有错"。另一方面，那些抓住大象另一个部分的人，又用大量的事实与证据进行无情的反驳。

正是基于上述种种现状和事实，我们需要重新审视管理，形成正确认知并指导企业实践。为此作者编写了《回归实效：企业成长管理之路》一书。该书在综合并创新经典理论基础上，从整合的角度探讨了如何以实效为本进行企业管理的方法。但由于篇幅的限制以及主题集中的需要，该书并未对其背景进行大篇幅介绍。为了使读者更好地理解该书，同时更好地进行管理实践，有必要对这一背景进行梳理和介绍。

本书不仅揭示了目前管理实践中诸多的悖论，分析了管理实践中悖论产生的原因，而且更重要的是探索并勾画了解决管理实践悖论的整体思维方法。本书最大的价值在于引发管理实践思维的重塑。作为管理者或者管理服务从业者，本书一定会触及到你内心深处的神经，甚至是强烈的反应。

| 目录 |

第三篇／如何解决悖论

第一篇

管理实践中的悖论

第一章
管理中的"皇帝的新装"

丹麦著名童话作家安徒生曾写过一个很有名的童话叫"皇帝的新装"，这个童话为我们描绘了这样一个故事：

很久以前，有一位皇帝，为了漂亮的衣服，不惜花钱。有一天，皇宫里来了两个骗子，他们自称是天底下最好的织工，能够织出最美丽的布料。这种布料不仅色彩和图案都分外美丽，而且还有一种奇异的特性：任何不称职的或者愚蠢不可救药的人，都看不见这种布料。

皇帝一听非常高兴。因为这种衣服不仅非常漂亮，而且皇帝还可以用它来辨别哪些大臣是聪明且称职的。于是皇帝付给这两个骗子许多钱，让他们马上开始工作。

骗子收了钱后，工作十分卖力。他们摆出两架织布机，装作是在工作的样子，并请求皇帝多给他们提供一些最细的生丝和最好的金丝，因为这是编制这种独特布料必须用到的材料。收到这些材料后，骗子们把这些东西统统都收了起来，而在他们的织布机上却一丁点材料都没有用到。骗子只是十分卖力地在那两架空织布机上忙忙碌碌，一直忙到深夜。

开始的时候，皇帝心里也不踏实，毕竟花了这么多的钱和贵重材料，而且这么玄乎的布料果真能织出来吗？于是皇帝不断派人去看工作的进展如何。

被派去的大臣们什么也没有看到，但是他们害怕自己被别人说是不称职，于是在骗子的诱导下，他们回去禀告皇帝说他们看到了布料，而且布料是如何的精美。听了大臣们的禀告，皇帝心里踏实了很多，于是定下了为新衣服制成后庆典游行的日期。

在新衣服快要完工的时候，皇帝决定亲自去看看这些衣料。可是当他到达现场后，并没有看到任何衣料。但事已至此，皇帝也不愿承认自己什么也没有看到。他装作看得很仔细、很满意的样子，并赐给骗子每人一个爵士的头衔和勋章，同时还封他们为"御聘织师"。两个骗子也很配合，在游行大典就要举行的头一天晚上，他们点起了16支以上的蜡烛，让人们可以看到他们是在赶夜工，要把皇帝的新衣完成。

衣服如期赶制完成，皇帝也如期举行了新衣庆典游行活动。在一片附和与赞美声中，皇帝脱下了自己的衣服，穿上了什么也没有看见的新衣服，并在镜子前仔细整理后开始了声势浩大的游行庆典。

街上的市民都没有看到皇帝的新衣，但他们没有人愿意说出真相来，反而都是高声赞美衣服如何漂亮。在游行快要结束的时候，终于有一个不懂事的小孩喊了出来："可是他什么衣服也没有穿呀！"大家都听到了，他们窃窃私语，并开始公开谈论自己什么也没有看到。

皇帝也听到了，他知道自己上当了，可是这场庆典还需要继续下去，因此他摆出一副更骄傲和神气样子完成了庆典游行。

安徒生写的"皇帝的新装"讲述的是一个昏庸无能而又穷奢极欲的皇帝因爱慕虚荣而受骗上当的故事，这个故事采用比喻和夸张的手法，意在揭露和讽刺封建统治者虚伪、愚蠢的本质。许多人读了这篇故事，都知道这样的事情不会在现实生活中出现；

这篇故事只是针对当时的社会现实，嘲讽封建统治阶级的头子、贵族、宫廷的丑恶行径，深刻解剖当时社会的病状而已。不过，在管理实践中，这样的故事却是在真实地上演着，而且还绝非个例。如果你稍加留意，便可随处发现，且不胜枚举。

一、安然公司的破产

安然公司曾是世界上最大的电力、天然气以及电讯公司之一，曾名列《财富》杂志"美国500强"第七名，并连续六年被《财富》杂志评选为"美国最富有创新精神的公司"。在其宣告破产之前，安然公司拥有约 21 000 名雇员，披露的营业额竟高达 1 010 亿美元。然而，2001 年 12 月 2 日，安然公司却突然向纽约破产法院申请破产保护，该案也因备受关注而成为了美国历史上企业第二大破产案。事实上，安然公司的起落与世界上最著名的管理咨询公司麦肯锡以及世界上最著名的商学院哈佛商学院密不可分。

安然公司的许多高管都来自麦肯锡，不仅安然前任首席执行官 Jeffrey K. Skilling 曾经是麦肯锡公司的合伙人，而且麦肯锡为安然公司长期提供咨询服务也长达 18 年之久。许多关于安然公司转型的理论，包括资产透明政策、松紧文化理念、债务安全政策等，都无一例外是由麦肯锡提出来的。

麦肯锡也是哈佛商学院的忠实粉丝，非哈佛出生的咨询师很难被吸纳入麦肯锡公司工作。即使偶尔被吸纳了，如汤姆·彼得斯这样的在斯坦福大学 MBA 毕业的人也会被麦肯锡视为不受重视的异族。不仅如此，安然公司同时也聘请了大量哈佛商学院毕业的商业管理专业人才。哈佛商学院会计系主任罗伯特·杰德克不仅是安然公司的董事，而且还是安然董事会审计委员会的主席。

麦肯锡像一个总设计师一样把安然公司设计成为了华尔街的宠儿。无论是在书中、文章里、各种评论中，麦肯锡都把安然作为自己的杰作到处吹捧，这也使得安然公司成为了世界上值得被仿效的改革者。《麦肯锡季刊》刊登了一系列文章鼓吹安然公司的"轻资产运营策略"和"打造了一群更聚焦、更专业的新石油企业家"；哈佛商学院发布十几个吹捧安然公司的案例研究；伦敦商学院的加里·哈默在《领导企业变革》一书中，赞扬安然公司开创了一场管理革命；《财富》杂志连续 6 年将安然公司列为"美国最富有创新精神的公司"。

麦肯锡如此卖力地为安然服务，自然获益颇丰。麦肯锡合伙人 Jeffrey K. Skilling 从 20 世纪 80 年代晚期就已经开始为安然公司提供咨询服务。而在 1990 年正式加入安然公司之后，Skilling 更加多地出钱请麦肯锡为安然公司提供咨询服务。后来麦肯锡的另一位高级管理人员理查德·N. 福斯特也成了安然公司顾问团中的一员，并且要参加安然公司的董事会。在安然公司的每一个重要决策中都可以看到麦肯锡的影子，以至于安然公司的一位前任高级执行官曾经说："他们（麦肯锡）无所不在，我们所走的每一步他们都紧跟其上，因为他们也许在想：这是个大买卖，我们也要赚一笔。"事实上，麦肯锡每年从安然公司可以获得了高达 1 000 万美金的丰厚报酬。

在 Skilling 的领导下，安然公司的经营理念是：它能把任何东西转化为商品和货币，无论是电子还是广告空间。经过麦肯锡的打造，过去依靠输气管道等硬资产赚钱的安然公司，其收益的 80% 以上居然来自不那么实在的业务，即所谓的"能源经营与服务批发"。安然公司的营业收入也在 10 年间从 310 亿美元猛增到了 1 000 亿美元以上，并一举登上了《财富》500 强排行榜的第七位。

面对安然的"巨大业绩",有人试图看懂安然的财务报表,但是没有搞懂它。安然公司的解释是,凡是无法理解安然经营方式的人都是"搞不懂它"。华尔街许多看好安然公司的证券分析师竟然也支持这一看法。安然公司的经营方式复杂得令人难以置信。就连高盛公司创始人戴维·弗莱谢尔都承认,自己不得不把安然公司提供的数字当真,因为安然提供的正是投资者最关心的东西:稳步增长的收益。虽然没有人能够弄明白安然的经营方式,但无一例外地却相信这种赚钱的经营方式。

尽管人们始终未能弄明白安然公司的经营方式,但也没有人能够站出来勇敢地说出真相。直到 2001 年初,Kynikos Associates 公司的分析师 Jim Chanos 像"皇帝的新装"里那个不懂事的小孩一样,公开指出:"虽然安然的业务看起来很辉煌,但实际上赚不到什么钱,也没有人能够说清楚安然是怎么赚钱的。"据他分析,安然的盈利率在 2000 年为 5%,到了 2001 年初就降到 2% 以下,对于投资者来说,投资回报率仅有 7% 左右。除此之外,Chanos 在研读安然公司的文件时还注意到,有些文件涉及了安然背后的合伙公司,这些公司和安然有着说不清的幕后交易,而作为安然首席执行官的 Skilling 一直在抛出手中他不断宣称会从当时的 70 美元左右升至 126 美元的安然公司股票。

此后,人们对安然公司信用问题的疑问越来越大,并开始真正追究安然的盈利情况和现金流向。受此影响,安然股价已经从 2001 年初的 80 美元左右跌到了 42 美元。而就在这时,Skilling 却出人意料地宣布辞去首席执行官的职位。

2001 年 10 月,安然公司发布了 2001 年第三季度财务报表,宣布公司亏损总计达到 6.18 亿美元,同时首次透露因首席财务官与合伙公司经营不当,公司股东资产缩水 12 亿美元。随后美国证券交易委员会开始对安然及其合伙公司进行了正式调查。2001 年 11 月 8 日，安然公司被迫承认做了假账，虚报的数字让人大跌眼镜：安然公司自 1997 年以来共计虚报盈利近 6 亿美元。2001 年 11 月 30 日安然公司申请破产，美国本部于两天后也同样申请了破产保护，破产清单中所列资产高达 498 亿美元，成为美国历史上最大的破产企业。

在安然破产案中，据统计，杜克集团损失了 1 亿美元，米伦特公司损失了 8 000 万美元，迪诺基公司损失了 7 500 万美元。在财团中，损失比较惨重的是 J·P 摩根和花旗集团。仅 J·P 摩根对安然的无担保贷款就高达 5 亿美元，而花旗集团的损失也差不多与此相当。此外，安然的债主还包括德意志银行、中国银行、中国招商银行、日本三家大银行等。安然破产案以及相关丑闻，不仅严重挫伤了美国经济恢复的元气，而且重创了投资者和社会公众的信心。

安然破产事件不仅震惊了世界，而且也引起了人们的反思。许多人认为，安然就是麦肯锡咨询公司及哈佛商学院的"杰作"。回顾安然的整个经历，犹如重新读一部现实版企业"皇帝的新装"的故事。而唯一不同的是，安徒生小说中"皇帝的新装"并不是真实发生的事情，而安然事件却是"皇帝的新装"的真实上演。也许这将是被写进商业历史中的最具有讽刺意味的事件，事件中最著名的咨询公司和最著名的商学院充当了故事的主角。到现在我们都想不明白，一种没有人能理解和明白的经营方式，竟然让华尔街这些聪明的投资者毫无怀疑过。

也许韦穆伦说的对，再有名的大师也有错的时候，即使再卑微的江湖术士也可能说出令人信服的道理。权威和专家有时候会把你欺骗的一塌糊涂，而天真烂漫的无知孩童也可能会揭示一个天大的真相。

二、绩效主义毁了索尼

对于任何一个组织而言，组织效益的最大化是其追求的目标，而组织整体效益的最大化则是依靠组织中每个个体绩效的最大化来实现的。然而组织中的每个个体工作努力程度是不一样的，因此如果能够设计一种管理方法，促使每个员工努力工作，是组织的理想。为此，有人提出了一种叫做绩效管理的办法，认为通过将个人工作表现同收入挂钩可以提高人力资源效率，从而提高组织的整体绩效。

组织绩效推行者们认为，企业中总有不自觉的个体，如果不实行绩效管理，那些偷懒者就会拖累组织的绩效。由于他们的偷懒得不到应有的监测和惩戒，便会产生示范效应，结果那些高绩效的人也会开始效仿。绩效主义者认为，任何一家企业如果没有严格的绩效考评，员工做多做少，部门业绩多寡，统统一样的薪水，那就是典型的"大锅饭"。物质第一，意识第二，物质决定意识，因此物质刺激是必要的。同时他们告诫，缺乏管理能力、不敢承担责任、不思进取、没有人力资源能力的管理者和不能胜任本职工作而且长期绩效低下的人才会反对绩效考核，高绩效的管理者和员工是不怕考核的。

这种想法很大程度上符合了企业管理者的需求，在一些企业经过短暂试用后也取得了立竿见影的效果。于是在市场竞争压力的驱使下，绩效管理已经成为了风靡全球的促进企业经营、管理的方法之一，并被无数企业奉若圣典。目前，绩效管理已经成为了人力资源管理中首要必要的工具，绩效考核是企业人力资源管理的头等大事。

作为世界翘楚企业之一的日本索尼公司也不甘落后，最终引入了美国式的绩效主义。然而不幸的是，当索尼花费了大量精力、物力引入所谓的绩效管理系统后，不仅没有让企业真正地提高绩效，反而扼杀了索尼的创新精神，并最终导致了索尼在数字时代的失败。

由井深大于 1946 年创立的索尼公司曾是世界上视听产品、游戏产品、通讯产品和信息技术等领域的先导企业之一。作为世界上伟大的 500 强企业之一，柯林斯在《基业长青》一书中曾将其看作是长寿企业的典范。索尼精神作为日本企业的代表为世界津津乐道，也被无数企业作为标杆。然而，在经过 60 年发展后，有关索尼公司的负面形势不断。首先是笔记本电脑锂电池着火事故，使得世界上使用索尼产锂电池的约 960 万台笔记本电脑被召回。索尼生产的 PS3 游戏机在上市当天就销售一空，但因为关键部件批量生产的速度跟不上，索尼被迫控制整机的生产数量。PS3 是尖端产品，生产成本也很高，但由于受到产量限制，无法达到规模效益，致使其游戏机部门的经营当年亏损就高达 2 000亿日元。索尼究竟怎么了，是什么原因导致了这样的局面呢？

索尼常务董事将这种局面归结为大力推行绩效管理不当所致。2007 年 1 月《中国企业家杂志》刊登了索尼公司常务董事土井利中（署名为天外伺郎）撰写的《绩效主义毁了索尼》一文。土井利中认为井深大曾经创造的"索尼神话"完全是被绩效主义所毁灭。2006 年在迎来创业 60 年之际，索尼公司却是："过去像钻石一样晶莹璀璨，而今却变得满身污垢，暗淡无光。"

首先，实行绩效管理，"激情集团"消失了。井深大管理索尼时，对技术人员并不采取绩效高压态度而且十分尊重他们，由此点燃了技术开发人员的心中之火，让他们变成为技术献身、不知疲倦、全身心投入的"开发狂人"。这样的"激情集团"从事技术开发的团体进入开发的忘我状态，接连开发出了具有独创性的产品。成为"激情集团"最重要的条件就是"基于自发的动机"的行动,而"外部的动机",比如想赚钱、升职或出名,如果没有发自内心的热情,那是无法成为"开发狂人"的。

其次,实行绩效管理,"挑战精神"消失了。从 1995 年左右,索尼公司逐渐实行绩效主义,成立了专门机构,制定了非常详细的评价标准,并根据对每个人的评价确定报酬。而实行了绩效主义后,以工作为乐趣的内在意识受到了抑制。这种"你努力干我就给你加工资"的做法与井深大提倡的"工作的报酬是工作"相抵触。在井深大的时代,许多人为追求工作的乐趣而埋头苦干;而实行绩效主义后,职工逐渐失去了工作的热情。公司为衡量和统计业绩,花费了大量的精力和时间,而在真正的工作上却敷衍了事,出现了本末倒置的倾向。因为要考核业绩,几乎所有人都提出容易实现的低目标,结果索尼的"挑战精神"就消失了。因实行绩效主义,致使索尼公司内追求眼前利益的风气蔓延。此外,索尼公司不仅对每个人进行考核,还对每个业务部门进行经济考核,由此决定整个业务部门的报酬。最后导致的结果是,业务部门之间相互拆台,并产生了企业政治现象。

最后,实行绩效管理,团队精神消失了。索尼的文化是"建设理想的工厂,在这个工厂里,应该有自由、豁达、愉快的气氛,让每个认真工作的技术人员最大限度地发挥技能。"绩效主义企图把人的能力量化,以此做出客观、公正的评价。但事实上做不到,它的最大弊端是搞坏了公司内的气氛。上司不把部下当有感情的人看待,而是一切都看指标、用"评价的目光"审视部下。而绩效主义与索尼的活力文化背道而驰,结果造成了索尼公司失去活力。

对于土井利中的这篇文章引来了热议,反对和支持文章观点的争议到现在为止还没停止。支持绩效管理的人铮铮有词不仅有理论根据，而且还有现实成功案例。例如 IBM、三星等都在绩效管理上取得了成功。也有人认为，也许索尼的失败应该归结于战略或产品的失误，或者是企业生命周期的必然性结果。

2007 年《中国企业家》杂志刊登该文时，编辑这样写道："如果完全不借用绩效体系、而仅仅依赖员工完全基于内部动力而行动的所谓激情，索尼可能死得更快，索尼的真正问题可能在绩效主义实施之前就已经埋下种子，像大多数由盛而衰的伟大公司所共同遭遇的，比如成功导致的对创新的漠视甚至抵制。"也有人甚至认为，这件事完全是炒作，IBM 高管陈果认为："2006 年索尼新任 CEO 斯金格砍掉了他（土井利中）负责的智能机器人实验室（典型的美式管理方法），他一怒之下在日本一份杂志上写了篇文章吐槽，没想到被国内管理界如获至宝。"然而，大家在做这些辩解的时候，也应该好好思考一下通用汽车公司的一位经理人曾说过的这句话"为了对付 5％的害群之马而设立的制度使得 95％兢兢业业工作的工人士气低落。"

也许索尼的失败的确不应该完全归于绩效主义身上，但最起码也说明了绩效主义也没那么有效。绩效考核的目的是激励员工，提高企业运营的效益和效率，但绩效考核如果用错了地方或用错了方法，就会得到相反的效果，而且任何一种手段与方法在执行过程中是不可能尽善尽美的。"绩效主义"是美国工业化所产生的"泊"来品，因此必须要"因地制宜"、"入乡随俗"地吸取其精华，剔除其糟粕，才可能有效果。换句话说，绩效考核是把双刃剑，它既可以改善组织的绩效，同时也能使组织的绩效向不好的方向发展，搞不好是要伤到企业的，索尼公司就是个例子。绩效考核是否要开展，如何开展，要根据企业的实际情况进行，如果是"粗制滥造"、囫囵吞枣、教条主义、拿来主义地运用，那么绩效考核在执行中肯定会造成与考核初衷的冲突，结果肯定会是劳民伤财。

我们并不否定绩效管理的意义与作用，但问题是每个企业在开展绩效管理的时候，我们很少听到有人对此提出警示。没有人像药品说明书那样对其"适应症"、"不良反应"、"禁忌"、"有效期"做出任何明示。相反，经常不绝于耳的是兜售者包治百病的美好宣传。世界上没有包治百病的良药，即使有也应根据不同的人给予不同的剂量或调整服药时间。

不仅绩效管理理论和方法存在这种现象，其他管理理论和方法同样存在类似情况。彼得斯在20年后评价自己曾经写的畅销书《追求卓越》时曾忏悔说："我们忘了贴一个警告标签。注意！没有永恒的东西。任何东西吃得太多都会有毒。请记住：商业中所有事情都是悖论。"

同样弗里克·韦穆伦认为，"最佳管理实践"的扩散竟然像狂犬病毒的传播一样。这种病的一个典型的症状就是患此传染病的狗口吐泡沫，它自然会努力将其甩掉，在此过程中狂犬病毒也随之甩了出去。就这样，病毒快速地扩散开来。此外，染病的狗还会无休止地游荡，将病毒扩散到更多的地方。与此相似，只要形成扩散的机制，愚蠢的管理实践同样可以快速地流行起来。因此，韦穆伦告诫大家："下一次，当你在商业会议或讲座上，看到主讲人试图用炫目的PPT描绘他们所使用的这一新管理技术的迷人之处，而你就快要被打动的时候，请将这位先生想象成一条拖着口水的狗，然后再考虑一下你的想法。"

三、不能胜任工作的MBA

MBA（Master of Business Administration）的全称是工商管理硕士，诞生于美国，其主要目的是培养企业高级管理人才。接受过 MBA 教育的人曾被誉为"管理精英"。由于 MBA 教育目的的特殊性,自其诞生以来就受到了世界工商界的热捧。20 世纪七八十年代,以美国为首的西方国家,经济上处于好景,企业需要大量的管理人才,MBA 进入了其黄金时代。学生以及学校在利益驱动下,世界各地知名与不知名院校,纷纷设立了 MBA 课程。许多企业也把企业的夙愿寄托在 MBA 者身上,并把 MBA 和职业企业家画上了等号。MBA 成了企业职业经理人必备的敲门砖,似乎只有 MBA 者才是最能胜任企业管理的人才,美国最大的 500 家公司的总经理、董事长等高层主管,绝大多数都是 MBA。一些没有机会获得 MBA 的企业高管为了搭上"MBA"这个闪亮的金字招牌,也加入到了"EMBA"的行列。

MBA 之所以受到热捧,不仅因为它提供了很多专业知识,而且引入了案例教学。MBA 的课程内容涉及管理、经济、金融、财务、法律等等,能力训练不光讲究组织、领导才能,也涉及以口才为依托的沟通能力、运筹能力、判断和处理问题的能力等等。后来银行家华莱士·唐翰成为哈佛商学院院长,将案例教学引入 MBA 教育后,更是增加人们对它的好评与期待。因为案例来自于实践,同时又为接受教育者提供了模拟实践的机会,听上去这的确是一个好主意。

然而,当 MBA 成为业界神话的时候,亨利·明茨伯格却对 MBA 提出了最为严厉的批评。通过对管理工作的长期观察与研究,管理大师亨利·明茨伯格认为,MBA 并没有培养出真正的管理者,而是"把错误的内容教给错误的人"。在他写的《管理者而非 MBA》一书中,明茨伯格这样认为:"每个 MBA 毕业生都应该在自己前额烙上骷髅标记,并写上不适合做管理人员的警告。"一方面是因为管理学不是纯粹的科学,它的学科特性是实践;另一方面是因为管理需要整合,把完整的管理知识切割成块，就会缺乏整体的思路，从而产生盲人摸象的现象。

明茨伯格指出，MBA 是靠分析来管理的，分析类似把食物分割成一个个部分，将它们从整体肢解开来，这就是 MBA 项目从事的事情。而"将食物分割开来的危险在于很可能无法再把它们组装回去。商学院是没办法将食物重新组装回去的，因为这必须在情境中进行——在特定情况下进行"，而"综合（才）是管理的真正精髓"。"脱离综合来教授分析，会剥去管理的皮肉，让它变成一具骷髅。这不啻于将人类的圣体看成一堆骨头的组合：没有皮肤或血液，没有精神或是灵魂。"明茨伯格同时引用了琳达·希尔在她的著作《上任第一年》中提到了一项研究；在那项研究中，几乎三分之二的商学院毕业生们报告说："他们在第一份管理工作中很少或是根本没有使用他们的 MBA 技巧。"明茨伯格评论说，受过 MBA 教育的人都应该在自己的前额纹上骷髅和交叉骨头标志，下面再注明："本人不能胜任管理工作。"

汤姆·彼得斯也曾宣言：管理不是一门科学，过去不是，现在不是，将来永远不是。与明茨伯格一样，彼得斯对于美国的商学院也是嗤之以鼻，认为"他们培养出一批又一批自以为是的 MBA 和职业经理，把美国公司搞得乱七八糟；如果商学院统统关门十年，或许美国经济会出现转机"。"我在读 MBA 时所学到的观点以及有关传统商业教育的看法简直太糟糕了。事实胜于雄辩。同样，我所接受的一些商业实践案例知识也是不堪回顾的。"汤姆·彼得斯说，2002 年我曾经试图让斯坦福大学撤回我的MBA 证书，但最终没有成功。

日本行销专家神田昌典也曾在《60 分钟经营战略》一书中坦言："取得美国精英院校 MBA 学位的我也曾不懂战略"，"过去虽然我取得了 MBA 学位，可是完全不懂战略是什么。至于生搬硬套教科书，构建所谓的战略是写出华而不实的广告策划书，那才是我的拿手好戏。说实话，在那家总销售额高达 1 000 亿日元的美国精英企业工作时，我也曾在气派的会议室中向 CEO 高谈阔论过进军日本的战略。""可是到了现在我可以坦白地告诉大家，我们以前的战略只限于在会议室熠熠生辉。"

MBA 教育到底怎么了，果真是这么一文不值吗？也许这些批评有些太过激烈。事实上通过接受 MBA 教育，不仅能够掌握一些商业学科的基础知识，比如组织学、会计学、金融学、市场营销等，而且能够为一系列的人际交往奠定比较好的基础。尽管目前的 MBA 教育实际上并不一定能够培养出真正的管理者，但MBA 课程也并非一无是处，只不过是没有许多人吹嘘的那样神乎其神，没有真正理解和把握管理的精髓思想而已。

首先，管理的精髓是综合，切忌片面。MBA 课程是按照老师的专业学科设置，比如财务、会计、市场营销，这些职能性课程，做学术研究可以，但并不利于真正解决企业的问题。这样的知识传授与基于专业学科分界的教学方式，尽管学生可以学习到不同职能方面的知识，但是缺乏整合性的思维和联系，而现实中企业的问题往往是综合性的。

其次，管理是一种实践，切忌教条。MBA 只有在尊重企业实际情况的前提下，用活了这些商业学科的基础知识，才有可能在企业管理方面取得预期的成效。任何企业的成功套路，另外一个企业搬来照用，不可能取得长久的成功。对别人的成功经验，只能借鉴，从中受到启发，再结合自己企业的实际情况，对症下药，才能取得成功。任何管理措施，如果不是建立在尊重企业历史，尊重企业背景的基础上制定的，是不可能取得成功的。近些年来，许多企业大力引进 MBA，希望通过 MBA 们来加强管理，提高企业经济效益，但效果却适得其反。这些 MBA 们之所以没有取得成效，大都是因为不顾企业实际情况，盲目照搬 MBA 课程上所谓的各种管理理论造成的。

最后，管理没有永恒，仍然是一门不成熟的科学。直到现在，管理学原理仍然没有统一，仍然没有一家学派提出令其他学派信服的管理原理和思维方式。管理学家孔茨1961年就曾注意到了这个问题，当时管理学派林立，这些学者既排斥其他管理学派，又都无法解释或不去设法解释其他管理学派，往往独树一帜，从而形成了多种管理学派。为此孔茨试图整合这些学派，以便一统江湖，当时他对现代管理理论中的各种学派加以分类，概括出6个有代表性的管理理论学派，并提出了过程学派。然而遗憾的是，到1980年，这些学派不仅没有减少，而且更加枝繁叶茂，原来的6大学派反而变成了11个学派：管理过程学派、经验主义学派、人际关系学派、权变理论学派、早期的行为学派、社会技术系统学派、社会协作系统学派、系统理论学派、决策理论学派、管理科学学派、经理角色学派。

四、捏造出的真理

《追求卓越》是20世纪影响最大的管理学著作之一，曾长达3年位居《纽约时报》畅销书排行榜，在美国的总发行量超过300万册。此书自出版20年来，销售量超过600万册，掀起企业界一股"追求卓越"的热潮，甚至直到今天都仍蝉联管理畅销书宝座。这本书也让作者汤姆·彼得斯从麦肯锡公司的一个"无关紧要的人"，步入了世界顶级管理学大师的行列。

事实上《追求卓越》能取得如此大的成绩，连当时发起这个项目的麦肯锡常务董事荣·丹尼尔也没有想到过。在麦肯锡，最受重视的东西都是战略和组织两者中的一个。在1977年，麦肯锡公司常务董事丹尼尔决定发起两个大的战略项目，这些大的项目丹尼尔交由其继任者弗雷德·格卢克领导，而且配备了很多顶级顾问。与此同时，丹尼尔开始做另一个小项目。他要找一个人来观察组织（即结构和人）方面的事，于是丹尼尔就将这个小项目交给麦肯锡最不受重视、非哈佛毕业的汤姆·彼得斯和罗伯特·沃特曼来完成。

接到任务后，汤姆·彼得斯和罗伯特·沃特曼立即进行调查研究，着手完成这个课题。事实上尽管汤姆·彼得斯也是麦肯锡的咨询顾问，但他却对麦肯锡所热衷的分析计算模型并不十分认同。在日本企业步步紧逼，美国企业节节败退的大背景下，彼得斯抛弃了当时的美国企业热衷于在管理思想界占统治地位的"理性模型"和"企业战略范例"，从另一种角度思考和分析了管理学最基本的原则和方法。

接下来，汤姆·彼得斯和罗伯特·沃特曼经过数年努力，进行了大量调查，最后确定把43家企业作为基本分析样本。经过研究这些样本后作者发现，尽管每个优秀企业个性不同，但它们拥有一些共同的原则，这些原则久经考验，造就了企业的辉煌成功。每一个企业，不论其大小，只要真正贯彻了这些基本原则，就一定能到达成功的彼岸，于是就形成了《追求卓越》一书。

然而，20年后，彼得斯在2002年接受《快速企业》杂志专访时坦承，这本书的数据资料是捏造的，不是经过扎实研究的结果。彼得斯在接受专访时表示，当时他们挑选这些公司时，其实并没有如书中所说是经过严谨的调查数据分析的结果，书中得出的结论是作者凭空发挥杜撰的。其中有一些所谓的"卓越公司"，在书出版后没有多久就陷入困境，结果引发了管理界围绕"为什么卓越公司不再卓越"为主题的讨论。

彼得斯说，"任务便落到那个叫汤姆·彼得斯的不起眼的笨家伙和他那不起眼的笨哥儿们罗伯特·沃特曼身上。在麦肯锡的世界里，他们都被看作是无关紧要的人。""我们当时搞的是没用的项目，纽约那边的商业战略则是明星级项目。所以，让我们多注意一下这些没用的项目！它们的期待值较低，政治包袱也轻得多，管理上的监视也少得多！"接到任务后，彼得斯到处旅行，拜访有智慧的人，将会谈内容记录下来且整理出了成堆的手稿，并最后为百事公司演讲准备了长达 700 张幻灯片的初稿，但这些成果并不令人满意。当距离为百事公司演讲的时间越来越近时，某天清晨 6 点左右，彼得斯坐在桌前，从美洲银行大楼的 48 层俯瞰旧金山湾，闭上眼睛，然后伏案在拍纸簿上杜撰写下了《追求卓越》一书中的 8 条原则：崇尚行动、贴近顾客、自主创新、以人助产、价值驱动、不离本行、精兵简政、宽严并济。

耐人寻味的是，尽管作者借以佐证的材料并不是真实的，书中核心的 8 条原则是杜撰的，然而时至今日企业领袖们没有人不承认深受汤姆·彼得斯原则的影响。书中提到的原则在相当的程度上影响了全球企业的运营。崇尚行动、贴近顾客、精兵简政、不离本行这些指导性原则，仍然是许多企业提升绩效和赢利水平的有效方法。这本充满个人感情色彩的《追求卓越》也成了第一本销量超过百万的商业书籍。在美国，许多读者对它赞誉有加，称之为"1982 年以来美国工商管理的'圣经'"，"经典、畅销、里程碑式的工商管理书籍"。彼得斯回顾该书时这样说："《追求卓越》首次描述了那些行之有效的东西。它的风格是刻意形成的。我承认，这本书的逻辑就是美国式管理已被严重地扭曲。这是对美国式管理和麦肯锡式思维方式猛烈的、面对面的攻击。"

第二篇

为什么会有悖论

第二章
认知的局限："盲人摸象"

在《大般涅盘经》中曾用"盲人摸象"的寓言来形容佛法无边，告诫人们不要浅薄地下结论。故事大致是这样的：

很久以前，有一个很有智慧的国王，面对臣民们对旁门左道的信奉很苦恼，后来他想出一个好办法来让臣民们认识到他们的问题所在。

国王找来一头大象和四个盲人，并让盲人当着臣民们的面，把"看"到的大象告诉大家。

一个盲人说："大象是什么样子的？让我们摸一摸吧！"另外三个盲人也说："对，摸一摸就知道大象是什么样子了。"于是牵大象的人把大象拴在树上，让盲人们去摸。

第一个盲人摸到了大象的身子，就急忙喊起来："我知道大象是什么样子了，大象原来像一堵墙。"

第二个盲人摸到了大象的耳朵，也接着高声喊起来："大象像一把大扇子。"

第三个盲人摸到了大象的腿，于是不甘示弱地喊："你们俩说的都不对，大象跟柱子差不多。"

第四个盲人恰巧摸到了大象的尾巴，他仔仔细细地摸了再摸，最后胸有成竹地说："你们全错了，大象明明像一根又粗又滑的绳子嘛。"

四个盲人你争我吵，都说自己是对的，谁也不服谁。

这时，国王哈哈大笑地说："你们都错了，你们没有看见过大象的全身，因此自以为是得到了大象的全貌，就好比没有听过佛法的人，自以为获得了真理一样。"接着国王又问来参观的臣民们说："臣民们啊！专门去相信那些琐屑的浅薄的邪论，而不去研究切实的、整体的佛法真理，和那些盲人摸象，有什么两样呢？"

目前我们对管理理论的认知也有如"盲人摸象"，结果导致管理悖论普遍存在。亨利·明茨伯格在《战略历程》一书中把对战略的探索比喻为一次"盲人摸象"式的森林狩猎，并这样批评战略管理理论的分割混沌状态："他们（学者和咨询师）像屠夫（包括我们在内）一样，为了方便自己，把现实分割成块，有时只使用事物的某一部分而忽视了其余部分。就好像偷猎者掠取象牙而任大象躯体腐烂一样。"汤姆·彼得斯也大声告诫大家：商业中所有事情都是悖论，没有永恒的东西。任何一种管理理论都有几种与其相悖的理论。稍加留意那些理论，我们很快就会发现这种现状。

一、领导力的悖论

领导力是 20 世纪管理学和组织行为学研究的主要内容之一，关于领导力研究的文献很多。国外 2002 年这方面发表的论文总数就已经超过 10 000 篇，并以每年不低于 2 000 篇的数量增加。中国对这个问题的广泛兴趣始于 2000 年，现已经成为了 MBA 和管理培训机构的热门课程。尽管学者们从管理学、政治学、教育学、社会学等角度对领导力进行的研究取得了重大成果，但很多结果都是互相矛盾的。

在学科的发展上，"管理"先于"领导"形成理论学科，领导学是在管理学的基础上发展起来的。尽管早前商业学院教育内容中就对管理和领导进行了理论分离，但事实上管理与领导之间理论的争论却并没有停止过。即便是接受过正规 MBA 教育的学员，如果你去问他们这个问题，答案也是不一样的，不同的人有不同的理解和看法。

对"管理"与"领导"的认识，主要存在三种不同观点。一种观点认为管理与领导根本就是一回事，不应该加以区分。加拿大学者霍金森强调："管理就是领导，领导就是管理"。另一种观点则认为，领导是管理的一部分，是管理的职能之一，领导仅是管理研究范畴的一个内容。Kotz 和 Kahn 认为，领导力作为管理领域广泛研究的架构之一，可以被定义为除机械遵从组织指令之外的有影响力的增量。还有一种观点认为管理与领导不同，管理是科学，领导是艺术。美国前国务卿鲍威尔将军将领导力定义为："领导力是一门艺术，它会完成更多管理科学认为不可能的东西。"

尽管人们对管理与领导之间的关系存在分歧，但典型的观点却是将二者分离开来看待。这种观点以美国南加州大学领导学院创办人沃伦·本尼斯为代表。他们认为，管理者与领导者之间的主要差别在于：管理者好于管束，领导者善于革新；管理者是模仿者，领导者是原创者；管理者因循守旧，领导者追求发展；管理者依赖控制，领导者营造信任；管理者目光短浅，领导者目标远大；管理者问怎样做和何时做，领导者问做什么和为何做；管理者只顾眼前，领导者放眼未来；管理者接受现状，领导者挑战现状；管理者是听话的士兵，领导者是自己的主人；管理者习惯正确地做事，领导者注意做正确的事。

　　然而当人们试图通过工作方法和行为方式区分管理和领导时，常常陷入了认知和实践的困境。把管理者和领导者职能和行为完全对立起来，看似合理，但实践中却相互矛盾。比如，当我们面对一个屡教不改的员工时，我们究竟是该对其控制还是信任？当企业面临倒闭危机时，我们不用短浅的目光去渡过眼前的难关，而还是大谈伟大的未来，这可行吗？

　　不仅在"管理"与"领导"之间的关系存在分歧，在什么样的人适合作领导这个问题上也存在分歧。

　　特质理论是 20 世纪最流行的领导理论，也是最早对领导活动及行为进行系统研究的尝试。研究依据和方法是从优秀的人物身上寻找共同的东西，人们希望了解：为什么他们能够成为领导，什么是领导力的决定因素，领导者区别于普通人的到底是什么。特质理论认为，存在天生或天才的领导者，有些人所具有的特殊形象或特殊个性使其成了领导者。在许多领导力理论中，更多的情况下是将那些能言善辩、肯于表现自己、气场十足的人视为领导者潜质。事实上我们也从许多成功的企业家身上看到了这种特质，他们不仅创造了成功的企业，而且善于沟通政府与媒体关系，站在媒体的聚光灯下侃侃而谈创业经验。

　　然而，我们却也看到了另一类不具备此特质的人却成为了成功的企业家，他们更受人瞩目。有人曾问深圳万科集团董事长王石你最尊敬的企业家是谁的时候，王石只说出了一个人的名字。这个名字不是全球首富巴菲特、比尔·盖茨或者是李嘉诚，也不是房地产界的某位成功人士，而是一个老人，一个跌倒过并且跌得很惨的人，他就是褚时健。曾经缔造了红塔帝国的褚时健恰恰与其他的企业家相反，他不善于言辞，他为人低调，他没有气场。在红塔集团的时候，他甚至于害怕与上级领导沟通和打交道。然而就是这样一个人曾经创造了红塔集团的辉煌，而且在自己75岁后还能创业,并成功地创造了"褚橙"这个响当当的水果帝国品牌。

可见,领导者与非领导者在特质方面的差异,在各种场合并非固定不变,一个具备领导特质的人,在某种场合可能成为领导者,在另外一种场合却未必能够成为领导者。有人在战争中成为领导,而和平时期却不行;内行未必都是成功的领导者,外行也未必不能领导内行。不同群体期待不同的领导特质。

也许正如英国新锐管理学家弗里克·韦穆伦所说的那样,不存在一种所谓人人渴望的领导者类型,企业在不同的时间点上需要不同类型的CEO。在企业的某些时候需要富有感染力、能够鼓舞人心和勇于打破成规的领导人,而在另外一些时候,需要的是理性和客观的管理者,哪怕他们的行为让人觉得乏味。

二、文化的悖论

20世纪80年代,随着日本企业竞争力的快速增强,许多学者开始对日本企业的管理进行研究,结果他们发现日本企业的文化特征是促使企业发展的重要因素。由此,管理学家开始对组织文化给予了极大的关注。1980年美国《商业周刊》杂志以醒目标题报道了"组织文化",随后美国多家权威杂志也先后以突出的篇幅讨论了"组织文化"的问题。

当时的四本畅销著作,《Z理论》、《追求卓越》、《公司文化》、《日本管理的艺术》更是奏响了"组织文化"的最强音,被称为组织文化的"新潮四重奏"。从此,组织文化成为组织领域研究的主流问题,组织文化热潮传播开来。更有不少人认为"组织文化"是组织生死存亡的关键因素。然而,人们却始终未能明白企业文化是什么,以及如何建设企业文化。

关于文化的定义，不同的人、不同的著作有不同的看法。据有关资料显示，到目前为止，关于文化的定义已经多达200多种。泰勒在《原始文化》中说："文化或文明，就其广泛的民族学意义来讲，是一复合整体，包括知识、信仰、艺术、道德、法律、习俗以及作为一个社会成员的人所习得的其他一切能力和习惯。"从人类学的观点看，文化无处不在，我们的饮食、音乐、习俗、爱好、语言，等等，都属于文化。正是因为文化范畴的广泛性，使得企业文化成了一个筐，什么都可以装。企业的使命被视为文化，企业的愿景被视为文化，企业的价值观被视为文化，企业的制度被视为文化，企业的行为方式被视为文化，企业的建筑被视为文化。即便是企业组织了一次春游活动，举办了一场派对也被视为企业文化。结果到头来，企业中由于什么都是文化而造成了没文化，企业也说不清楚自己的文化到底是什么。

现在许多企业通常按照将文化划分为所谓的物质层、精神层、制度层、行为层，这四层来建设。但是企业如果将这几个层面都视为企业文化，并按此建设文化，那么世界上还有什么不是企业文化吗？作为概念，外延越大内涵越小，当外延无限大的时候，内涵就趋近于零，文化包含众多的内容给人们造成的理解困境，实质上与这种不分青红皂白的外延无限扩张有着直接关系。

老子说："道可道，非常道；名可名，非常名。"企业文化只能是真诚觉悟出来的，是只可意会不可言传的东西。凡是人们说是企业文化的，那就可能不一定是真的企业文化。当然，企业文化也可以"做"出来，通过文化发挥引导、激励作用，但即使是要做出来的文化，也不能把什么都装进去。装的太多必然会导致文化的记忆困难、识别困难、实践困难，结果成了基于门面和口头的虚假文化。

三、战略的悖论

无论是在东方还是西方，"战略"一词最早是作为一个军事术语出现的，后来被广泛应用于商业界。20 世纪 60 年代以来，随着经济、技术的迅速发展，企业在争夺市场份额和谋求自身生存发展中的竞争愈来愈激烈，企业为寻求竞争优势地位，开始从依靠经验性扩张经营管理转变为主动谋划企业未来发展的管理。由此，企业战略和企业战略管理作为一个独立的研究领域发展起来。目前企业战略也已经作为一门专门的学科，甚至被细分成更细的学科在大学中讲授，并且随着战略管理理论与实践的迅猛发展，各种战略管理分支学科、学派、理论、概念、程序、范式等等层出不穷。然而人们却从来没有真正明白什么是战略，以至管理实务者、管理理论研究者以及有志于战略管理理论的初学者无不感到无所适从。

战略事关企业生死存亡，因此一直以来对企业家来说都具有神秘色彩。多数人，尤其是咨询顾问认为，战略不是人人能讲的故事，需要特殊的技能和训练。而当你仔细了解这些技能后，你很快就会发现，这种特殊的技能无非就是围绕那几个步骤：内部环境分析、外部环境分析、SWOT 分析（优势、劣势、机会、威胁）、战略选择、战略规划。看到下面图示（图 2 - 1）的战略制定模式，大家一定不会陌生，尤其是接受过企业管理教育的人。

是的，我们怎么可能会陌生呢？这是哈佛大学战略教授安德鲁斯的经典之作，而且从哈佛大学传到世界各地都没有变过。尽管后来波特等也对战略制定过程和方法提出了很多的理论，但无论如何变并没有跳出这个思维的"掌心"，发展的结果只是分析

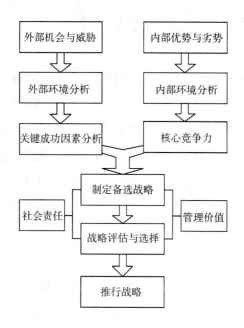

图 2-1 战略制定模式

方法越来越多，分析内容越来越细，数字代替了文字。

然而，也有一些不服气的企业家，他们认为，战略更重要的是需要企业家的勇气和思维。美国苹果公司在乔布斯的带领下创造了一个又一个的奇迹，其产品无论是电脑还是手机，都在全世界掀起了狂潮，培养了一批又一批的"果粉"，乔布斯也被公认为是近几十年来世界上最伟大的商业领袖。然而，乔布斯却对于所谓的战略分析不屑一顾。苹果没有正式的战略，只有产品，苹果没有分析，只有遵从自己内心的设计。乔布斯说："我们是为自己制作（Mac），我们自己决定这个产品到底好不好，不会出去做市场调查。""你不能只问顾客要什么，然后想法子给他们做什么。等你做出来，他们已经另有新欢了"。

曾带领 GE 公司创造 20 年奇迹的韦尔奇似乎也对那类"战略大师"不屑一顾。他说："这些专家谈论战略的方式令我深感失望，在他们那里，战略仿佛是高深莫测的科学方法。而我认为，战略不过是鲜活的、有呼吸的、完全动态的游戏而已。"在韦尔奇看来，制定战略，远不如把精力放在内部运营上，"当你思考战略的时候，要考虑反大众化的方向。要尽量创造与众不同的产品和服务，让顾客离不开你。把精力放在创新、技术、内部流程、附加服务等任何能使你与众不同的因素上面。如果走这条路，你即使犯一些错误，也依然可能成功"。正是这种思想指导下，形成了 GE 公司毫无内容和技术含量的"数一数二"战略。

战略大师波特认为战略是一种"定位"、"取舍"、"匹配"，战略有两种基本选择：差异化或低成本。企业必须要尽早在两种基本的竞争优势和战略之间进行选择，不要夹在中间。自哈佛大学波特教授提出"定位"的概念以后，战略定位一直被人们所关注。看看现在企业对战略的描述，几乎所有的战略中都少不了"定位"和"聚焦"这两个词，似乎没有它们就不成战略。特劳特更是把战略视为定位，并在世界各地开展战略定位的咨询与培训，并引起了巨大的反响。案例显示一大批企业通过定位取得了成功，企业家们对这种观点深信不疑：没有聚焦，企业就会失败。然而，一个令人奇怪的现象是，除少数企业坚守这一原则外，尽管许多企业家承认"定位"与"聚焦"，但他们多元化的梦想和步伐却从来没有停止过。没有"聚焦"盲目多元化的企业，失败者不少，但同样也有成功者也不少，例如 GE 公司确实是一个多元化的公司，但其依然是世界上最成功的公司之一。正因为如此，"定位"战略也受到了战略研究者们的质疑。

战略教授霍国庆用生产可能性边界理论对定位战略进行了解释，认为波特关于夹在中间战略的认识只是建立在一定的假设前提下的理论，不见得必须选择其一不可。在"夹在中间"理论的隐含假设条件下，"由于成本领先战略和差异化战略需要不同的资源和能力、管理思想、激励体制、组织要求、企业文化等，如果企业同时实行成本领先战略和差异化战略或者不在二者间进行选择，都容易出现资源顾此失彼、模糊不清的企业文化、相互冲突的组织安排与激励系统，从而导致员工不知所措甚至管理混乱，导致企业产品的目标顾客不清晰，让顾客无从了解企业产品的特色和定位，从而导致企业的产品成为'鸡肋'而少人问津，企业最终陷于'夹在中间'的困境。"但夹在中间战略在事实上是可以实施的，不过需要一定的条件。

关于战略是如何形成的，也许明茨伯格教授看得最为清楚。明茨伯格认为战略的产生至少有十个学派，然而这些学派又各自有自己的优点和不足。明茨伯格认为，十个学派是用不同的方式在观察同一过程，因此战略形成过程是这十个学派的综合。明茨伯格这样描述，"我们对战略的形成如同盲人摸象，没有人具有审视整个大象的眼光，每个人都只是紧紧抓住了战略形成过程的一个局部，而对于其他难于触及的部分一无所知。而且，我们不可能通过简单拼接大象各个部分得到一头完整的大象，因为一头完整的大象并非简单的局部相加。"

明茨伯格用战略形成过程的分解图（图2-2）来表示战略形成中十个学派的意义。中央黑框是战略的实际创造，只有认知学派真正试图进入其中；但是，它并不很成功。学习学派和权力学派在这一点上做着尝试性的努力。定位学派向后看，查找已有的数据资料，对其进行分析并纳入到战略制定这个黑框中。在另一侧，从黑框中出来的依次为计划学派、设计学派和企业家学派。计划学派向前看，但仅仅是稍稍向前，对以某些其他方法创造的战略进行规划；设计学派看得更远，着眼于战略远景；而企业家学派既向旁边看又视野超然，透过直接障碍形成对未来的独到见解。学习学派和权力学派处在下面，纠缠在细节之中。他们只看到树木而看不见森林。学习学派看着地面，有时到了草根。权力学派在某种意义上看得更低但并不更深：石头下面，有时甚至到了地下，试图认清组织不想一直暴露在外的部分。文化学派是从上往下看，笼罩在信念的云雾之中；而更上面的环境学派，可以说是在观望。与认识学派试图通过显微镜，观察过程的内部相对照，结构学派观察过程本身，或者说观察过程的所有方面。这一战略形成模式，区别于目前的学者和咨询师的战略形成思维方式。

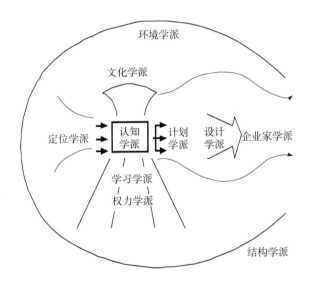

图 2-2　战略分解图

每个战略过程都应该将不同学派的各个方面结合起来，因为不可能去想象一个严肃认真的组织在战略制定时不考虑精神和社会的因素、不考虑环境的影响、不受领导力的左右、不经组织力量的推动、不在渐进和改革之间进行权衡。同时，否认学习就像否认控制一样愚蠢。战略的形成，事实上是判断性的设计、直觉性的想象和应变性的学习；它既需要变革性又需要永久性；它必

须包含个人判断和社会性的交互、合作以及冲突；它必须先经过
分析，后经过规划，其间还必须经过协商；所有这些还必须都得
是对苛刻环境所做出的反应。

四、组织管理的悖论

组织管理是指通过建立组织结构，规定职务或职位，明确责
权关系，确定工作流程等，以使组织中的成员互相协作配合、共
同劳动，有效实现组织目标的过程。为了使人们能为实现目标而
有效地工作，企业必须按任务或职位制定一套合适的职位结构，
这套职位结构的设置就是组织架构。组织架构通过界定组织的资
源和信息流动的程序，明确组织内部成员之间相互关系的性质，
为每个成员在这个组织中具有什么地位、拥有什么权力、承担什
么责任、发挥什么作用，提供了一个共同约定的框架。除了组织
架构之外，组织管理活动也同样重要，组织管理应该使人们明确
组织中有些什么工作，谁去做什么，工作者承担什么责任，具有
什么权力，与组织结构中上下左右的关系如何。只有这样，才能
避免由于职责不清造成的执行中的障碍，从而保证组织目标的实
现。尽管组织管理十分重要，但如何进行高效的组织管理却存在
悖论。

层级管理的组织结构者认为，每个管理者的精力是有限
的，同时由于组织的管理工作是复杂的，每个管理者管理的工
作内容不能太多、范围不能太广，因此管理应该进行分层和分
级以便提高组织效率。亨利·法约尔通过研究认为，职能和等
级序列的发展进程是以一个工头管理15名工人和往上各级均
为4比1的比数为基础的。例如每15名工人就需要有1名管理
人员，60名工人就需要有4个管理人员，而每4个管理人员就

需要有 1 名共同的管理人员，组织就是按这种几何级数发展的。管理除了需要分级之外，还需要按职能分类，因为每个管理者不可能是所有领域的专家，为了实现专业化管理，管理需要按照专业或技能划分。

基于这种理论和逻辑，组织管理专家也设计了一些通用的组织结构类型。目前而言，组织结构通过分级、分类的多种组合方法形成了直线型、职能型、直线职能型、事业部型等组织结构。后来由于组织的多样化以及互联网的发展，也产生了模拟分权型、委员会型、网络型组织结构。虽然后面这些结构中包含了特殊的组织方式，但也并未完全抛弃前者。尽管企业在组织设计中，应该是什么样的模式，并没有绝对的答案，成功企业的组织结构也并不适合于任何企业，但在现实中直线职能型和事业部型组织结构基本上是组织结构的标准模板。

然而，随着社会的发展，工业化的时代已经成为历史，面对激烈的竞争，许多企业把成本当作是竞争的利器，于是打起了人力成本的主意。除此外，面对过多的组织层级，企业官僚也使得公司信息传导不畅。为此，有人提出了组织扁平化的方式，试图通过这种方式减少管理层次，压缩职能机构，裁减人员，使组织的决策层和操作层之间的中间管理层级缩减到最少，以便使组织最大可能地将决策权延至最远的底层，最大可能压缩人力成本，从而提高企业效率。

扁平化的组织结构意在弱化纵向的层级，打破刻板的部门边界，注重横向的合作与协调。其特点是：①组织结构是围绕工作任务而不是围绕部门职能建立起来的，传统的部门界限被打破；②减少了纵向的组织层级，使组织结构扁平化；③管理者更多的是授权给较低层次的员工，重视运用自我管理的团队形式；④体现了顾客和市场导向，围绕顾客和市场的需求组织工作流程，建立相应的横向联系；⑤应用现代网络通讯手段（E‑mail、办公自动化系统、管理信息系统等网络信息化工具）进行沟通，大大增加了管理幅度与效率；⑥实行目标管理，在下放决策权给员工的同时实行目标管理，以团队作为基本的工作单位，员工自主做出自己工作中的决策，并为之负责。

通过组织扁平化结构的特点，我们不难看出其优势所在，但问题是这种方式虽然压缩了人力成本和强化了协调，但又使组织管理者陷入了管理范围过大，管理内容太多的局面。

强调管理某一个方面的重要性必然会削弱另一个方面的管理。如何选择和建立企业的组织结构，并不像我们想象中的那样简单，组织结构需要根据企业所处的内部与外部环境特点，以及未来的发展需求而设计，事实上根本就不存在一种最佳的永恒的组织结构类型。除了在组织结构方面存在悖论之外，在组织管理活动中同样也存在悖论。

管理者究竟在干什么？这一问题一直困扰着管理界。法约尔最先将管理理论同管理人员所从事的工作联系起来，他们认为，无论组织的性质有多么不同，组织所处的环境有多么不同，管理人员所从事的管理职能却是相同的，管理活动的过程就是管理职能逐步展开和实现的过程。因此，管理过程学派把管理的职能作为研究的对象。他们先把管理的工作划分为若干职能，然后对这些职能进行研究，阐明每项职能的性质、特点和重要性，论述实现这些职能的原则和方法。管理过程学派认为，通过确定管理职能和管理原则，把管理的任务和非管理的任务（如财务、生产以及市场交易）加以明显区分，不仅有助于培养专业管理人员，而且能使经理人集中精力于管理的基本工作上。

管理过程研究的开拓者亨利·法约尔于1916年根据自己的总结和研究，首次提出管理的5大核心职能：计划、组织、指挥、协调和控制。这种职能划分主宰了企业在整个 20 世纪的管理方法。实践表明,法约尔的理论对一般组织管理都具有一定的应用价值,也正因为其理论所具有的这种"一般性",才使得他的理论成为西方行政管理学说上的一个重要里程碑,以至于英国行政管理学家厄威克在其《管理备要》一书中认为"亨利·法约尔是到本世纪上半叶为止,欧洲贡献给管理运动的最杰出的人物"。

尽管法约尔提出的一般管理原则与职能奠定了在 20 世纪 50 年代兴起的管理过程研究的基本理论基础,但也有不少学者对其提出了质疑。加拿大管理学家亨利·明茨伯格通过实际调查发现,在企业管理过程中,管理者很少花时间做长远的考虑,他们总是被这样或那样的事务和人物牵引,而无暇顾及长远的目标或计划,并认为,那种从管理职能出发,认为管理是计划、组织、指挥、协调、控制的说法,未免太学究气了。"你随便找一个经理,问他所做的工作中哪些是协调而哪些不是协调,协调能占多大比例,恐怕谁也答不上来。"所以,明茨伯格主张,不应从管理的各种职能来分析管理工作,而应该把管理者看成是各种角色的综合体。

明茨伯格经过研究认为,经理们并没有按照人们通常认为的那样按照职能来工作,而是进行别的很多的工作。在他的著作《经理工作的性质》一书中,明茨伯格详细地描述了企业经营者一般都要担当的 10 种角色。他把这 10 种角色归为三类,即人际关系方面的角色、信息方面的角色和决策方面的角色。其中人际关系方面的角色有三种:挂名首脑角色、领导者角色和联络者角色;信息方面的角色也有三种:监听者角色、传播者角色和发言人角色;决策方面的角色有四种:企业家角色、混乱驾驭者角色、资源分配者角色和谈判者角色(表 2-1)。

表 2-1　管理者的 10 种角色

角色	描述	特征活动
人际关系方面		
1. 挂名首脑	象征性的首脑，必须履行许多法律的或社会性的例行义务	迎接来访者，签署法律文件
2. 领导者	负责激励和动员下属，负责人员配备、培训和交往的职责	实际上从事所有下级参与的活动
3. 联络者	维护自行发展起来的外部接触和联系网络，向人们提供恩惠和信息	发感谢信，从事外部委员会工作，从事其他有外部人员参加的活动
信息传递方面		
4. 监听者	寻求和获得特定的信息（其中许多是即时的），以便透彻地了解组织和环境	阅读期刊和报告，保持私人接触，作为组织内部和外部信息的神经中枢
5. 传播者	将从外部人员和下级那里获得的信息传递给组织的其他成员——有些是关于事实的信息，有些是解释和综合组织有影响的任务的各种价值观点	举行信息交流会，用打电话的方式传达信息
6. 发言人	向外界发布有关组织的计划、政策、行动、结果等信息；作为组织所在产业方面的专家	举行董事会，向媒体发布信息
决策制定方面		
7. 企业家	寻求组织和环境中的机会，制定"改进方案"以发起变革，监督这些方面的策划	制定战略，检查会议决策执行情况，开发新项目
8. 混乱驾驭者	当组织面临重大的、意外的动乱时，负责采取补救措施	制定战略，检查陷入混乱和危机的时期
9. 资源分配者	负责分配组织的各种资源——事实上是批准所有重要的组织决策	调度、询问、教授，从事涉及预算的各种活动和安排下级的工作
10. 谈判者	在主要的谈判中作为组织的代表	参与工会进行合同谈判

而事实上，企业的组织管理活动是复杂的，管理者在组织管

理活动中不仅需要按照一定的原则和职能进行有序管理活动，同时管理者也需要扮演各种角色进行无序管理活动。试图把二者对立起来，最后得到的只能是互不相容的悖论。尽管法约尔的管理职能理论系统地论述了管理者的基本职能，然而，从管理者的角度看，管理者所承担的工作内容很多，有些根本不具有上述管理职能的特征。因此法约尔管理职能仅是管理者工作范围的一部分，我们仅可以将它们视为有序管理活动。除了有序管理活动外，管理者还有大量非计划性的和隐性活动去完成，而这些无序管理活动更是公司 CEO 或董事长管理活动的重要部分。

五、人力资源管理的悖论

第二次世界大战后，世界经济出现了蓬勃发展，随着工业化进程和科学技术的进步，企业需要雇佣的工人越来越多，企业用于生产的机器设备也越来越复杂，这时企业主发现，雇佣工人尤其是能胜任工作的工人有了一定的难度。面对这一变化，1954年彼得·德鲁克在其著作《管理的实践》中首次提出"人力资源"的概念并加以明确界定。此后，人力资源管理理论不断成熟，并在实践中得到进一步发展，成为了企业所广泛接受的针对企业人员的管理方式。人力资源管理概念的提出说明了企业开始重视人的管理，第一次把企业员工视为一种重要资源。把人视为企业重要资源自然没有错误，然而具体如何更好地进行人力资源实践确实存在悖论。

在人力资源管理实践中最大的悖论是绩效考核。进行绩效考核的理由是，企业的整体绩效取决于企业中每个人的贡献，由于组织中的每个个体工作努力程度是不一样的，因此需要一种方法对每个人的贡献进行衡量和评价，并将考核结果与个人奖惩挂钩，这样就可以提高企业的整体绩效。组织绩效考核推行者们认为，企业中总有不自觉的个体，如果不实行绩效考核，那些偷懒者就会拖累组织绩效。由于他们的偷懒得不到应有的监测和惩戒，会产生示范效应，结果那些高绩效的人也会开始效仿。

　　暂且认为这种假设是正确的，顺着这种思路，那么接下来我们要做的事情自然是监测每个员工的贡献。很显然，考核需要信息和数据，也需要评判的标准。为了获得有关观绩效的信息，企业于是聘来大量绩效数据收集人员，专门从事绩效信息收集工作，于是企业中就设计了大量的信息表格，由专人负责收集信息。

　　可是与绩效相关的信息是一个庞大的东西，每个员工的一举一动都或多或少地影响绩效，我们不可能收集所有的员工信息。于是有人想出了一些办法，那就是"抓大放小"，选取关键指标。经过大量的分析，采用所谓的科学手段，如头脑风暴、专家意见、战略目标分解，最终提出了一些典型的指标。这些工作还不够完善，为了防止忽略重要指标，还采用的360度评价法、平衡计分法，等等。

　　然而，事情并未就此结束，如何对指标进行公平、公正地评价和比较也是一个问题。由此，有人想到了"量化"这个词。也就是把所有的东西用数字表示，销售额是数字，工作时间是数字，一些无法用数字表示的东西也要统统找个办法数字化。除此外，为了及时获得信息和得到反馈，企业不仅每年要考核，每季度要考核，甚至每个月都要考核。

　　这种繁琐的绩效考核到底在企业绩效提升中发挥了多大作用呢？有些企业可能的确从中受益了，然而也有许多企业却并未收获到预期的效果，反而造成了企业的失败。例如，索尼公司从1995年左右也开始实现绩效管理开始，成立了专门机构，制定非常详细的评价标准，并根据对每个人的评价确定报酬。但是这个举措导致绩效主义在索尼公司逐渐蔓延，扼杀了索尼的创新精神，最终导致 2003 年春天开始，索尼问题不断，仅当时一个季度就出现约 1 000 亿日元的亏损。

绩效考核管理是基于"X 理论"的管理方式。这种管理方式是建立在"人性恶"和"经济人"的人性假设基础上的管理方式。这种假设对人性的基本概括是：人生性以自我为中心，漠视组织的要求；人生性宁愿接受领导的支配，不愿主动承担责任；人生性缺乏进取心，反对变革，把安全看得高于一切；人生性易受欺骗、易受煽动。基于这种假设，必然导致管理人员对组织成员采取强迫性的控制和指挥，并以金钱奖励或以惩罚相威胁等方法，使他们为实现组织目标而努力。在这种假设下，组织必然会采用传统的金字塔式的组织结构、集中决策和严格的外部控制。企业管理的唯一激励办法，就是以经济报酬来激励生产，只要增加金钱奖励，便能取得更高的生产率。

然而，这种基于"X 理论"的绩效考核管理方式却抑制和抹杀了人的真正价值，并不适用于所有的企业。关于"人本身具有能动性"这种认识是与前面提到的"X 理论"完全相反的理论，道格拉斯·麦格雷戈却提出了与之完全相悖的理论——"Y 理论"。这种理论认为，一般人并非天生厌恶工作，人为了达成其本身已经承诺的目标将"自我督导"和"自我控制"，一般人不但能学会承担责任，且能学会争取责任，大多数人具有高度的想像力、智力和创造力。

继"Y 理论"之后，日裔美国学者威廉·大内经过对日、美两国的一些典型企业进行研究后，发现日本企业的生产率普遍高于美国企业，而美国在日本设置的企业，如果按照美国方式管理，其效率便差。根据这一现象，大内提出了美国的企业应结合本国的特点，向日本企业的管理方式学习，形成自己的一种管理方式。他把这种管理方式称为"Z理论"。该理论认为，企业管理应该让职工参与决策，基层管理人员有充分的处理权，重视职工福利，长期雇用职工，创造生动的工作环境，重视员工培训。

不管是"X理论"还是"Z理论"，它们也在许多企业实践中取得了巨大的成功，而它们却都对传统绩效考核管理提出了挑战。而在许多企业一边高呼要实行"人本管理"，一边坚定推行"绩效考核"的今天，却并未发现这是多么的矛盾。

在人力资源管理中除了存在绩效考核管理的悖论外，还有一个大的悖论，那就是如何选人和用人方面的矛盾。人作为企业的重要资源关乎企业发展的成败，因此用什么样的人以及如何用人也就成了困扰企业管理者的难题。而作为人力资源管理的职能，解决这一难题的任务自然落在了人力资源管理者身上。早期的人力资源管理者采用了智力测验来判断雇员是否胜任，因为他们认为人的智力是不一样的，只有企业招聘那些智力测试达到一定要求的雇员（因为世界上有太多聪明的傻子，他们能骗过人力资源管理者的法眼，因此必须要科学的测试才能证明）才能为企业创造更大的价值。

然而这一方法很快就被哈佛大学教授大卫·麦克里兰发现了它的不合理性。1973年，心理学家大卫·麦克里兰在《美国心理学家》杂志上发表一篇文章："Testing for Competency Rather Than Intelligence"，他引用大量的研究发现，说明滥用智力测验来判断个人能力的不合理性，并进一步说明人们主观上认为能够决定工作成绩的一些人格、智力、价值观等方面因素，在现实中并没有表现出预期的效果。为此，他和他的研究小组从第一手材料入手，直接发掘那些能真正影响工作业绩的个人条件和行为特征，他把这种发现的直接影响工作业绩的个人条件和行为特征称为能力素质。麦克里兰把能力素质由低到高划分为五个层次：知识、技能、自我概念、特质和动机。麦克里兰认为，知识和技能属于能力素质模型中浅层次的部分，而自我概念、特质、动机属于能力素质模型中深层次的部分，而真正能够把优秀人员与一般人员区分开的是深层次的部分。因此，麦克里兰把不能区分优秀者与一般者的知识与技能部分，称为基准性素质，而把能够区分优秀者与一般者的自我概念、特质、动机称为鉴别性素质。

能力素质模型提出后，得到了人力资源管理部门的积极响应，因为它提供困扰企业管理者用什么样的人以及如何用人难题的解决方法。此后能力素质模型作为人力资源管理的一种"有效"的工具，广泛应用于人力资源管理的各个模块中，如员工招聘、员工培训、员工发展、绩效评估等。然而这种复杂方法似乎并没有解决企业用人中的困惑。

知识和技能是企业招聘用人首先要考虑的内容。而作为这一内容重要的指标则是雇员的学历和资历。高学历、良好的过往背景意味着这一方面的突出能力。可是现实中总有例外对这一假设提出挑战。世界上十分具有影响力的商业领袖苹果公司的乔布斯和微软公司的比尔·盖茨都是大学中途退学者，却偏偏创造了世界上最成功的公司。

改写世界商业历史的阿里巴巴创始人马云同样对资历抱有过极大的幻想，马云曾经认为，要做一个国际级的公司，就必须要有一个国际级的人才团队。他曾对阿里巴巴那些没有良好背景的创始人说："我们要成为一家伟大的企业，而你们这些人有的能当个班长，有的能当个排长，有的人最多当个连长、团长。我们要成为一个军的话，就必须到外面去找师长和军长。"于是马云从外部引进了一批来自于世界500强的国际级人才，其中有卫哲（百安居中国区CEO）、吴伟伦（百事可乐中国区CFO）、曾鸣

（长江商学院的教授）、谢文（和讯网 CEO）、崔仁辅（沃尔玛百货集团高级副总裁）、黄若（易初莲花 CEO）、武卫（毕马威华振合伙人）。然而，令马云尴尬的是，这样一批非常优秀的"空降兵"团队却最后经历了集体阵亡。2012 年马云对此进行了反思，并在微博中称："2001 年的时候我犯了一个错误，我告诉我的 18 位共同创业的同仁，他们只能做小组经理，而所有的副总裁都得从外面聘任。现在 10 年过去了，我从外面聘请的人才都走了，而我之前曾怀疑过能力的人都成了副总裁或董事。我相信两个信条——态度比能力重要；选择同样也比能力重要。"

也许作为能力素质模型而言，自我概念、特质、动机这些深层次的部分更为重要。对于特质而言，我们在领导力悖论中已经指出了其问题所在，如果你以应忘记了请翻翻前面的内容有助于你的理解。而对于自我概念和动机而言，人力资源管理者普遍倾向于选用和重用那些积极主动（最好是像老板一样把企业当作是自己的，不仅要做好自己职责范围内的工作，甚至要做好自己职责范围之外的工作），有理想和抱负，立志实现自我的雇员。

然而，过分积极主动，争做职责范围外的工作并不见得就是好事。因为一旦脱离了自己的正式职责角色，非但不能为企业带来效益，反而会引发企业政治。像老板一样把企业当作是自己的雇员，如果只是为了获得老板的青睐和引起别人注意，这种行为未必对企业有利。一旦角色错位，超出自己的正式角色办事，会对整个组织具有很大的破坏作用。任何一种积极的行为同时也是一种消极的标签。十分自信从消极的角度看是妄自尊大，对上级的忠诚也可能是一种溜须拍马，主动承担额外工作有时是一种出风头。这种积极表现是否应该被视为一种政治行为，其核心判断在于是否是"为了影响对个人或小团体利益的分配"。而且尤其可怕的是，这种政治行为一旦得到管理层的默许或认可，企业政治灾难不可避免。企业政治最终会导致人们丧失信任、貌合神离、结党营私、互相倾轧，损害组织的整体利益。

同样，雇员有理想，有抱负，立志实现自我，也未必完全是好事。有人经过一个工地，问那里的三个石匠在做什么？第一个石匠回答："我在养家糊口。"第二个石匠边敲边回答："我在做全国最好的石匠活。"第三个石匠仰望天空，目光炯炯有神，说道："我正在建造一座大教堂。"对于这个故事很多人力资源管理者会倾向于第二个和第三个石匠，而排斥第一个石匠。然而事实上这种选择并不总是明智的做法。

第一个石匠把工作等同于谋生，尽管他的工作是被动的，但他会对自己的工作十分珍惜，他们害怕失去工作，因此这类雇员易于管理，也服从指挥和安排，只要给予物质激励，便会勤勤恳恳，兢兢业业地工作。为了这份安稳的工作，他们会尽力为企业创造更大的收益，会尽力使企业走得更远更好。我实在不明白这种动机有何不妥。

第二个石匠，他关心的是个人的技艺，要做"最好的石匠活"。雇员精益求精自然不是坏事，但专精的技艺必须与企业整体的需求相联系相结合。一旦员工的愿景和努力偏离了企业整体目标，把个人嗜好或追求当成目标，则将会让企业变得松散，大家各自为政。专业人士的最大敌人，就是专业本身。只关注于自己的专业，而忽略企业整体大局，不仅不会为企业带来收益，反而可能会成为企业发展的绊脚石。

至于第三个石匠，如果你不是打算空降一位公司的统帅或实施彻底变革，也不见得有多大作用。如果企业的使命、愿景与雇员不相符，其结果必然不是导致企业战略执行的偏离，便是雇员的抑郁离职。尤其是对于基层管理者和其他雇员，企业需要的是对战略不折不扣地执行，而不是指手画脚地试图改变企业的方向。

《晏子春秋》中有："橘生淮南则为橘，生于淮北则为枳，叶徒相似，其实味不同。所以然者何？水土异也。"人力资源管理工作与其把大量的精力花费在"能力素质模型"上，则实不如把精力用在企业自身环境建设上。如果企业能创造一种去政治化的氛围，建设一种坚实的人力资源管理土壤，大可不必如此大费周折。

六、营销管理的悖论

在当前市场经济条件下，尤其是在日趋激烈的市场竞争中，营销关系着企业的兴衰存亡。然而许多企业要不就是陷入了传统营销理论和模式之中不能自拔，要不就是一味追求流行而毫无收获。

营销学中一个重要的概念就是顾客需求，传统营销总是探求未被满足的需求，然后通过恰当的产品和服务满足它。享有"现代营销学之父"、"营销界的爱因斯坦"之称的美国西北大学教授菲利普·科特勒认为，营销学主要是辨别和满足人类和社会的需要，对营销学所作一个最简短的定义就是"有利益地满足需要"。在市场经济条件下，任何产品或服务，必须要以满足顾客需求为根本，因为如果它们不能满足顾客需求，就不会有交易，没有交易，企业就无法获得利润，甚至无法收回成本。产品能否获得利润，不在于产品质量有多高，技术含量有多高，再好的东西如果没有顾客需求，都没有销路。思科公司的总裁钱伯斯曾指出，科研成果能否转化为生产力，决胜点不在实验室，而在大街上。强调科研人员应和公司销售人员一起，经常走访市场，掌握最新的消费动态，了解消费者的消费需求，为技术创新提供指导方向。

　　基于这种营销理念,企业最佳的应对策略就是发现并设法满足顾客的需求。于是企业在产品研发之前,一般都让公司的市场部门或聘请专业的市场调研公司,深入顾客群体中,对他们进行调研,收集大量的信息,并构建复杂的数学模型进行评估分析,以此确定顾客需求,以便有针对性地开发产品。"以顾客需求为导向"几乎是营销管理人员甚至企业各级管理人员的口头禅。事实上企业也并不仅是将它挂在口上,更是不折不扣地在企业中付之于实践。

　　翻开商业历史,我们也许会记住亨利·福特曾有一句名言"任何顾客可以将这辆车漆成任何他所愿意的颜色,只要它是黑色的"。也许福特曾经怠慢过顾客的需求,福特公司只生产 T 型黑色轿车,顾客对其他颜色和车型有需求,但亨利·福特对此置之不理。亨利·福特的这种极端做法使他逐渐被竞争对手蚕食了其市场份额,1926 年至 1927 年福特不得不重新生产不同颜色涂装的汽车。这一案例被作为忽视顾客需求的典型案例被广为传播,同时也让人们认识到了顾客需求的重要性。

　　然而,当我们对福特公司的做法进行批判的同时,也不应该忘记其做法所取得的成绩。福特公司从第一辆 T 型车面世到它的停产,共计有 1 500 多万辆被销售。它的生产是当时先进工业生产技术与管理的典范,为汽车产业及制造业的发展做出了巨大贡献,在 20 世纪世界最有影响力汽车的全球性投票之中,福特 T 型车荣登榜首。1927 年福特 T 型车于停产后,福特也生产出了满足顾客需求的 A 型车,这种新车型尽管也取得了 450 万辆的骄人成绩,但也仅为 T 型车销量的三分之一而已。

　　当初有人问乔布斯:"如何通过市场调查了解大众需求,才能让产品如此成功?"乔布斯的回答是:"不用做调查,消费者并不知道他们需要的是什么,而苹果会告诉他们什么才是潮流!"

乔布斯坚信用户"不知道自己要什么",他频繁引用亨利·福特的名言:"如果我问客户他们需要什么,他们总是说要'一匹更快的马!'"所以,苹果公司只是偏执的去制造伟大的、让人惊喜的产品,坚信伟大的产品会让消费者打开钱包。在顾客期待苹果推出上网本时,乔布斯回绝了顾客的需求,而是推出了"iPad",这样一个另类产品。在"iPhone"手机上,苹果也坚持自己独立封闭的操作系统,坚持电池的不可拆卸,坚持提供单一型号的机型。与其他手机生产商想方设法通过多种机型满足顾客需求相比,苹果公司总是我行我素,从不迎合消费者,却让消费者跟着自己走。然而结果却是,苹果公司独享全球最大的手机利润,并相继将其他手机生产商赶出了市场。

事实上,有时候过分关注顾客需求可能会使我们忽略了对顾客需求的创造能力。为了成为成功的创新者,你必须忘掉顾客。否则你只能满足当前的顾客需求。顾客需要引导,真正的创新,应当是改变顾客偏好,给他们一些从未见过的东西,甚至从未想过的东西,大家都看到了的东西都太晚了。世界上每年有数百万家企业倒闭,试问有几家不够重视顾客需求了?我们的确不应该忽视顾客需求,但"以顾客需求为导向"并不一定能使企业成功。不仅"以顾客需求为导向"这一营销理论存在悖论,大家熟知的"二八定律"同样如此。

"二八定律"源于意大利经济学家帕累托对 19 世纪英国人财富和收益模式的研究结果。帕累托从大量具体的事实中发现社会上 20% 的人占有 80% 的社会财富,由此产生了"二八定律"。这一定律被发现后,即在经济学、管理学领域中被广泛应用,尤其在营销管理中,绝大多数公司开始把精力关注于 20% 的重点产品、重点顾客、重点区域上。因为公司的资源是非常有限的,要想真正"做好每一件事情"几乎是不可能的,要想面面俱到还不如重点突破。要学会合理分配资源,把 80% 的资源花在能出关键效益的 20% 的方面,这 20% 的方面又能带动其余 80% 的发展。对于这一理论,大家深信不疑。

然而,美国"连线"杂志主编 Chris Anderson 却从亚马逊和 Netflix 之类网站的商业和经济模式中发现,只要存储和流通的渠道足够大,需求不旺或销量不佳的产品共同占据的市场份额就可以和那些数量不多的热卖品所占据的市场份额相匹敌甚至更大。由此 2004 年 Anderson 提出了"长尾理论",这一理论是对传统"二八定律"的彻底叛逆。

长尾理论是指,商业的未来不在于传统需求曲线上那个代表"畅销商品"的头部,而是那条代表"冷门商品"经常为人遗忘的长尾。举例来说,一家大型书店通常可摆放 10 万本书,但亚马逊网络书店的图书销售额中,有四分之一来自排名 10 万以后的书籍。这些"冷门"书籍的销售比例正以高速成长,预估未来可占整个书市的一半。这意味着消费者在面对无限的选择时,真正想要的东西和想要取得的渠道都出现了重大的变化,一套崭新的商业模式也由此跟着崛起。简而言之,长尾所涉及的冷门产品涵盖了几乎更多人的需求,当有了需求后,会有更多的人意识到这种需求,从而使冷门不再是冷门。

第三章

循证的缺乏："笼子里的猴子"

在社会学研究中流传着一个关于用笼子里猴子实验的故事用来解释道德的起源，故事大致是这样的：

实验人员把五只猴子关在一个笼子里，笼子顶部挂有一串香蕉并且装了一个自动装置。一旦侦测到有猴子要去拿香蕉，马上就会有水喷向笼子，而这五只猴子都会被淋湿。

有只猴子首先想去拿香蕉，水马上喷了出来，结果每只猴子都淋湿了。五只猴子都试了，发现都是如此。于是，猴子们达成一个共识："不能去拿香蕉，否则有水会喷出来"。猴子们也不再试图去拿香蕉，笼子里也就恢复了宁静，香蕉在那儿安静地挂着。

后来实验人员拆掉了喷水装置，同时把其中的一只猴子换掉，换了一只新猴子 A 关进笼子。A 猴子看到香蕉："咦，那四个家伙怎么那么笨，香蕉都不知道拿？"于是马上伸手去拿。结果被其他四只猴子暴揍一顿，因为其他四只猴子认为猴子 A 会害他们被水淋到，所以制止他去拿香蕉。新猴子 A 试了几次，被打得遍体鳞伤，最终还是没有拿到香蕉。A 猴子从此不再尝试了，笼子里又恢复了宁静，香蕉依旧在那儿安静地挂着。

后来试验人员再把一只旧猴子释放，换上另外一只新猴子 B。猴子 B 看到香蕉，也是迫不及待要去拿。结果，一如刚才所发生的情形，其他四只猴子暴揍了 B 猴子一顿。B 猴子试了几次总是被打得很惨，只好作罢。

实验人员继续不断地将笼子里的旧猴子一只只换掉，故事也就一次次地重复的演。直到最后，原来被淋过水的猴子都换走为止。尽管以后再换猴子，故事还是重复上演。

直到有一天，又换来了一只猴子，这个故事也再一次重演。但是这只猴子爱思考和问为什么。它问其他的猴子："为什么不让我摘香蕉，为什么要揍我？"其他猴子互相看着，有些茫然，最后它们耸了耸肩说："我们也不知道，别人都是这么做的。"

我们对管理理论的认知有如"盲人摸象"，造成了管理悖论存在，而我们的管理实践则因缺乏循证而如同"笼子里的猴子"，同样存在管理悖论。在商业界中充斥着各种各样的管理实践和惯例，管理者对它们奉若神明，从来也不会对它们提出质疑。然而，有些实践和惯例却实在非常奇怪，还有一些则不仅没有意义，而且对企业有害。

一、不加借鉴的模仿

模仿是个体自觉或不自觉地重复他人行为的过程，是社会学习的重要形式之一。早在古希腊时代，亚里士多德就认为模仿是人类的自然倾向，是人的本能之一。达尔文认为人和大多数动物都有这种本能。

这种本能同样在人类心理学试验中得到了证实。美国阿肯色大学的一名研究人员诺兰打算劝说某一加州社区的居民在家里实行节能的做法。她设计了 4 种不同的传单用来投递给各家各户。这些传单的内容大致是这样的：A. 这样做有助于改善环境；B.

这样做对社会有利；C. 这样做可以帮助您省钱；D. 请这样做，因为别人都是这样做的。在投递传单之前，她先找了一些居民，问他们这 4 种说辞中哪一种劝服的效力最低。有非常多的人回答说："先把 D 去掉。"似乎他们对别人是怎么做最不关心，而是一些合理的理由。但事情真是这样吗？在这之后，诺兰偷偷地在晚上行动，将传单张贴到社区中每一户的门上。过了一段时间，她又回到社区，到居民家中检查电表的数字。但结果却是，那些收到 D 传单的居民在能源消耗方面减少得最多。

在企业管理中通过模仿在一定程度上有利于企业之间管理实践的学习，尤其是企业缺乏管理建设的初期，在企业缺乏管理理论、经验的情况下，这种模仿是必要的。然而，当企业初步管理体系建立后，还在不断地模仿，或者不加借鉴地模仿，就会出现问题。事实上有些模仿却是不成功的，甚至是致命的。东施效颦，不假思索模仿、盲信管理经验和理论造成失败的例子很多。

活力曲线（末位淘汰）是源自 GE 的最佳实践，却也让许多管理者栽了跟头。在听了 GE 公司总裁韦尔奇激情澎湃的演讲之后，福特公司前任首席执行官雅克·纳赛尔认为活力曲线无疑就是拯救福特的法宝。由于没有认识到 GE 活力曲线之所以能有效发挥作用，是以 GE 公司 10 年打造的坦率和公开文化为基石的，结果不假思索地借鉴优秀企业做法，生搬硬套，使得纳赛尔栽了一个大跟头。

绩效管理在一些企业取得了成绩，并成了一种潮流，于是索尼公司从 1995 年左右也开始实现绩效管理，成立了专门机构，制定了非常详细的评价标准，并根据对每个人的评价确定报酬。但是这个举措导致绩效主义在索尼公司逐渐蔓延，最终导致从 2003 年春天开始，索尼问题不断，仅当时一个季度就出现约 1 000 亿日元的亏损。同样，一份针对美国 1 320 名的高层管理者的调查研究也显示,仅只有 15％的管理者确信,他们企业的业绩评估体系很好的帮他们实现了经营目标。

例子还有很多。以美国印刷业为例,在 1980 年,利润率维持在 7％以上,在普遍实施标杆管理之后,到 1995 年已降至 4％～6％,并且还有继续下降的趋势。IBM、通用电器公司和柯达等公司在复印机刚刚问世时,曾以复印机领先者施乐公司为标杆,结果 IBM 和通用电器陷入了无休止的追赶游戏之中,无法自拔,最后不得不退出复印机市场。据统计在中国 ERP 项目中 80％都是失败的,70％的企业流程再造项目 5 年后均归于失败。从数据看国外的并购仅有 30％的成功率,在中国企业的并购 90％都是失败的。

企业管理者们,不仅善于模仿,而且热衷于追逐流行。只要理论家提出方案,似乎就有人愿意倾听。但事实上许多管理时尚其实并没有取得效果。采用流行的管理看上去具有创新性,其实只是管理者对其管理实践黔驴技穷之后想要抓住的最后一根稻草而已。美国心理学家卡切尔曾对美国的资深经理人进行过一项调查,当问到"他们最不想让下属知道的真相"的问题时,结果 20 个人中 19 个人回答:他们害怕属下知道他们对自己的工作感到多么力不从心。面对这种压力,也许引入流行的新玩艺才是最好的解决方案了。

学术界已经反复证明,管理实践中普遍存在着模仿现象,然而,模仿一种管理手段,如果你说不清某一做法能够提高绩效的潜在逻辑或理论体系时,那它很可能就是一种迷信,你模仿的不过是毫不相关的东西,甚至是有害的东西。斯坦福大学商学研究院组织行为学教授杰弗瑞·菲佛在《管理真相:事实、传言与胡扯》中写道:管理没有灵丹妙药,企业不能只追求潮流,不能不切实际的进行管理实践模仿。

同样的，当我们聘用了 MBA 毕业生来公司工作时，他们也会同样告诉我们这样的答案："教科书里就是这样写的"。当我们聘请了咨询顾问时，也经常得到这样的回答："我为其他公司就是这样做的"。这样的回答不仅没有引起我们的质疑，反而却让我们更加对他们放心。这究竟是一种什么样的逻辑呢？也许我们需要的仅是希望他能把那些东西"照搬"过来。

二、对记忆的依赖

模仿对于缺乏经验的企业管理实践而言还算有一点学习的积极意义，而对记忆的依赖则完全是一种思维惰性。企业对记忆的依赖主要表现为用记忆代替了思考。当企业遇到问题需要解决时，管理者通常的做法就是把过去的方法拿出来继续用以解决现在的问题。这种行为在物理学上被称为"惯性"，经济学家道格拉斯·诺思称之为"路径依赖"。诺思认为，路径依赖类似于物理学中的"惯性"，一旦进入某一路径（无论是"好"的还是"坏"的）就可能对这种路径产生依赖。人们过去做出的选择决定了他们现在及未来可能的选择。企业一旦选择了某个体制，由于规模经济、学习效应、协调效应以及适应性预期以及既得利益约束等因素的存在，会导致该体制沿着既定的方向不断得以自我强化，就好比走上了一条不归之路，并让你轻易走不出去。"路径依赖"成功解释了为什么有的国家长期陷入不发达，总是走不出经济落后制度低效的怪圈等问题，成功地阐释了经济制度的演进。道格拉斯·诺思也因此于 1993 年获得了诺贝尔经济学奖。尽管这一理论已被广为接受好几十年了，但奇怪的是管理实践中依旧我行我素，走不出对记忆依赖的怪圈。

组织总是不假思索地依照旧例进行管理实践，即使当组织面临新问题的时候，解决问题也只是意味着从以往的经历中寻找可能解决新问题的途径。这些惯例植根于曾经发生，当这种做法被质疑时，我们常常听到的回答是："公司就是这样规定的，以前大家都是这么处理的。"而对于那些缺少行动转化能力的组织来说，现在则更是过去的再现。虽然管理者会对此予以否认，然而人们受雇、分工、晋级的方法，新员工的薪金标准等等，都会参照旧例执行。

组织对惯例存在依赖路径，同样管理者个人对记忆也存在依赖路径。我们常常见到一家公司高薪聘请的职业经理人，来到新公司便大刀阔斧地对公司进行改革，当你问他为什么这样改革的时候，你常常会听到这样令人啼笑皆非的答案："我的上一家公司就是这么干的，那家公司可是业界的知名公司呀！"然而，奇怪的是，在大多数公司，管理层对这一回答不仅感到满意，而且十分欣慰，他们相信这位职业经理人会把上一家知名公司的良好管理实践带到了本公司，这正是自己所愿意看到的。因为在企业招聘中，许多企业招聘管理者选择的人才不是因为他有多大能耐，而是因为他在成功和优秀的企业里工作过。

可是这的确十分荒诞。例如，假设你去看医生，医生对你说，"我要给你做个阑尾切除手术。"而你问他为什么的时候，医生却回答，"因为我给上个病人做过，他病情好转了。"听了这样的话，你恐怕会吓得拔腿就跑了吧？而此时管理层却宁可相信权威的观点和其他公司看似可行的措施，也拒绝采纳可信的证据，不愿意进行合乎逻辑的思考。

由于路径的依赖，人们常常对自己未经检验的意识信仰深信不疑，即使自己遇上更为正确的观点，他们也不愿意接受，因为人都有一种先天的自我保护潜意识。许多管理者以其激烈的信仰而非逻辑和证据引导管理思想和行为，即使发现了这种正确的逻辑和证据，他们也试图反驳和抵触。"夏虫不可语冰"，也许孔子是对这个道理掌握最为深刻的人了。

有一天，孔子的学生在扫地，这时来了一个客人问："你是谁。"那人自豪地答："我是孔先生的弟子。"客人说："那太好了，我能不能请教你一个问题？"学生心想，你大概要出什么奇怪的问题吧。客人问："一年到底有几季？"学生马上答："有春、夏、秋、冬四季。"客人摇头说："你搞错了，一年有三季。"最后两人争论起来，并要打赌。孔子学生想，自己这次赢定了。正巧孔子此时出来，学生上前问道："老师，一年有几季？"孔子看了一眼客人说："三季。"这个学生快吓昏了，可又不敢问，只好乖乖服输。客人走后，学生迫不及待地问孔子："老师，一年明明有四季，您怎么说三季？"孔子说："你没看那人全身是绿吗？他是蚂蚱，春生秋死，从来没见过冬天，你讲四季他会相信吗？"

美国总统罗斯福说："生长与变化是一切生命的法则。昨日的答案不适用于今日的问题——正如今天的方法不能解决明天的需求。"通过路径依赖在一定程度上有助于企业快速获得答案或者继承以往优秀的实践经验，减少重新论证思考过程，但在应用前至少也应该审视其是否真正能适用于今天的情形吧。我们在做出任何一项管理实践决策时，不仅要考虑将要采取的决策的直接效果，还要研究它的长远影响，要随时思考是否采取了不正确的路径，如果发现了路径偏差，要尽快采取措施加以纠正，以免积重难返的状况出现。

三、简单归因

简单归因也是一种影响企业管理实践的思维惰性表现。简单归因是指这样一种认知倾向：把相继发生的事物或者通过归纳及概率估计得出的结论视为因果关系，并过分强调这种关系的重要性，而不顾有关其他潜在可能性的证据。这种简单的逻辑处理方式，常常导致悖论的产生。很多管理者常将复杂的问题通过猜测、信仰或传统意识的依赖性，进行简单化归因处理，结果造成错误的管理实践。

在第二次世界大战期间，美国军方指挥官通过对作战后返回的飞机观察，发现飞机在机翼上的弹孔远高于在机尾上的弹孔数量，由此得出一个结论：飞机的机翼是最容易着弹的部位，因此需要加强对机翼的防护。在事实面前，这种解释似乎很为合理，对机翼采取防护是最正确不过的事情。然而，美国哥伦比亚大学教授沃德却针对此事提出了相反的建议，认为应该强化对机尾的防护而不是机翼。沃德教授经过认真地调查研究和分析后坚持认为，机翼和机尾中弹的几率是一样的，但是机翼中弹后还能返回，而机尾中弹后其安全返航的几率很小，因此才观察到机翼中弹多的现象。最后，军方采用了教授的建议，并且后来证实该决策是正确的。

诺贝尔经济学奖得主卡尼曼经过对鸽子、老鼠和人的大量实验研究，得出一个很有信服力的结论：在技能训练中有一条重要原则，那就是对良好表现的嘉奖比对错误的惩罚更有效。当他将此结论传授给自己的学员时，一位学员根据自己多年的教练经历，举出了截然相反的例子予以反驳：在自己对飞行员训练中，当第一天训练中，自己对表现不错的学员赞美时，这些学员第二天的训练中表现的并不好；而那些第一天训练中，自己对表现差劲的学员大声斥责时，这些学员第二天的训练中反而表现得很好。

从传统经验的角度来看，这个飞行教练得出的结论是正确的，然而经过进一步分析，这个教练的认识是错误的。因为飞行员的表现具有随机性，学员的表现总是在其平均值水平上下波动，第一天训练中表现不错的学员，第二天并不能保证还能表现得很好，不管你对他是赞美还是斥责，第二天这些学员在训练中表现不好是大概率的事；而那些第一天训练中表现不好的学员，第二天并不一定还会运气差到表现不好，不管你对他是赞美还是斥责，第二天这些学员在训练中表现好是大概率的事。

企业中职员跳槽是一件很苦恼的事情，因为一旦有人跳槽企业不得不重新招聘人员，而且新成员从入职到胜任还需要一个熟悉企业和业务的过程，为此企业承受了很大损失。观察到这一现象后，许多管理者得出一个结论，我们应该给员工加薪，尤其是那些在企业待了很久，能经得起外界诱惑的职工应该得到嘉奖。而事实上这样做可能使企业承受更大的损失。因为那些主动跳槽的员工很可能是企业能力较强能为企业创造价值的员工，而在企业待了很久也不跳槽的员工很可能是能力不足的员工。如此嘉奖，可能会导致企业中能力不足的员工越来越多。事实上企业应该认真分析原因，放手该放手的员工，留住该留住的员工，对能力不足的员工也应该关注而不是嘉奖。

曾经有一家鞋厂派一名市场营销业务员去非洲某部落进行市场调研，以便了解是否可以在非洲拓展业务。业务员来到非洲后发现那里的人都不穿鞋子，于是得出一个结论：不要在非洲发展业务，因为那里的人没有穿鞋的习惯，因此没有需求。后来鞋厂又派了另一名市场营销业务员去非洲调研，业务员观察到了同样的现象，但得出了一个相反的结论：可以在非洲发展业务，因为那里的人都没有穿着鞋，因此是一个很大的市场。看了这个例子，大家一定很纠结。两个业务员哪一个都有道理，那到底该怎么做呢？其实这两个业务员都犯了简单归因的结果。非洲人现在穿不穿鞋与到底要不要在非洲发展业务之间并没有什么根本必然的因果关系。非洲发展业务其实只与你能不能想出一个有效的营销方案有关。只要有合适的营销方案，让没有穿鞋的人穿上鞋，肯定是一个大市场，而如果没有营销方案，再大的市场也与你无关。同样即使非洲人穿着鞋，也照样可以卖出去鞋，如果把鞋子变成非洲物物交换的等价物，那又是什么结果呢？

因为活力曲线在 GE 实践中取得了成功，所以福特公司前任首席执行官雅克·纳赛尔认为活力曲线无疑就是拯救福特的法宝。因为绩效考核在其他企业取得了成效，所以索尼认为也可以帮助索尼创造价值。因为索尼公司采用绩效管理数十年后失败了，所以是绩效主义毁了索尼。因为这位 CEO 在世界 500 强企业担任过高管，所以也可以使我公司获得成功。因为福特公司不关注顾客需求，所以福特公司被竞争对手超越了。因为乔布斯不关注顾客需要什么，一心一意做最好的产品，所以苹果成功了。这到底是什么样的因果关系呢？但是当你看看企业管理实践的时候，处处是这种可笑的因果关系：因为公鸡打鸣天就亮了，所以是公鸡把太阳叫出来了，因此我们应该通过控制公鸡叫来控制太阳。

古人有个寓言，说有一个人在一天晚上丢失了一把钥匙，他在一路灯下翻来覆去地寻找。这时一个过路人经过此地，见状后大惑不解，他问寻找者："你肯定是在这儿丢失的吗？""不！"寻找者回答道："但是，这儿是唯一有亮光可以寻找的地方。"对于这个傻得可爱的寻找钥匙的人，我们会感到不可思议，因为他的做法是一种徒劳的，因为钥匙很可能是丢失在漆黑一团路灯照不到的地方。而对于我们管理实践中的这种简单归因，却很少人感到过不可思议。我们也和那个丢失钥匙的人一样，总是到有亮光的、能够看得见的地方寻找答案，而问题的真正原因往往隐藏在难以透彻理解的地方。

四、相信商业传言和格言

自然科学的实践应用都注重严谨的逻辑和证据，然而管理科学却例外。在管理决策中人们却似乎对商业传言和格言深信不疑。化学、物理、天文等科学的实践应用都要经过从理论到实践的反复论证和不断试验直到试制品达到应用效果才能被应用于实践。而管理科学决策却草率了很多。对于多数人来说，都有迷信商业传言和格言的倾向，而很少有人对其辨证质疑。只要管理者对其信奉即可采取行动应用于实践。然而，太多的商业传言和格言都并非建立在对事实客观公正的分析基础上，太多的商业传言和格言被吹嘘成了"万能药"。倘若管理者基于这些可疑的知识做决策，会把组织送上风口浪尖。奇怪的是，在大多数公司，管理者宁可相信它们，也拒绝采纳可信的证据，不愿意采用合乎逻辑的思考方式。

每个管理者都有程度不同的"成见"，相信某些管理措施确实有效，用信仰代替事实。菲佛认为，用信仰代替事实最明显的例子就是以股票期权作为高管薪酬。许多人相信股票期权的激励作用，导致21世纪以来出现了一波又一波的公司财务丑闻。事实表明，股票期权刺激了企业高管的欺骗和造假行为，损害了企业的长期利益，刺激了管理的短期决策高管自肥行为。按照信贷评级机构穆迪的研究，期权奖励会最终造成一种导致欺诈行为的氛围。更重要的是，除未上市创业型小公司外，没有确凿的证据支持期权能够提高上市公司组织绩效的逻辑。

许多人相信，领导力有助于提升企业的业绩，这也是大家对领导力热衷的原因。但是，20世纪70年代，关于领导者是否影响企业绩效这个问题，产生了很大的分歧。支持论者认为，企业领导者的领导风格与战略执行力、组织创新的程度，对于经营绩效而言扮演了重要的角色，领导者必须要有战略性的思维，执行战略性计划的能力，同时要运用组织的使命和愿景去激励、导引组织成员，促使不断地发展创新的能耐，才能孕育出组织生存发展所需的核心竞争力，因此领导者是影响组织绩效的主要因素。而来自于社会学界的怀疑论者则主张，领导行为对组织绩效的影响程度远小于组织环境或其他方面因素的作用。Lieberson 和 O'conor 于 1972 年在《美国社会学评论》发表文章，以美国 167 家上市公司从 1946 年到 1965 年的数据表明：领导力对组织绩效几乎没有影响。

许多人相信对员工进行排名并按照排名分级奖励和惩罚可以提高企业绩效。但事实上却取得了相反的效果。在排名竞争的压力下，员工之间互相提防，企业内部信息交流、知识传播和协作有了隔阂，更有甚者互相拆台内斗。优秀员工成了众矢之的，虽然获得了金钱的安慰，但也承担了巨大的精神压力，更有甚者不再愿意争做先进。企业管理者也感到压力重重，对于员工排名表现出小心翼翼，反复权衡，力求稳定人心而违背了公平、公正的原则。最后常常导致的后果是，绩效考核成了职工和上级的心病，优秀员工和末尾员工轮流坐庄。而企业付出的则是管理成本和时间的浪费，更可怕的是付出精神的煎熬和导致信任气氛的破坏。

我们到处可以看到很多的商业管理传言和格言，有时候它们确实能触动我们内心深处的共鸣，然而其中却到处是悖论和陷阱。而就在你快要被它打动的时候，应该仔细考虑一下它的使用条件以及可能造成的不良后果。记住，管理没有普遍真理。

五、为管理而管理

职业化分工是把双刃剑，管理职业化也不例外。职业化的优点在于能使人集中精力于某一工作领域，从而提供更为专业的工作服务。但过度的职业化，尤其在管理职业化中会出现问题。因为管理不仅是科学，更是一种实践，在管理中很少存在普遍真理。适度的管理职业化，而不是过度的职业化对企业有正向意义。职业化在提高了工作专业性的同时，事实上却损害了工作的跨职能合作性。

德鲁克认为，专业部门像细胞一样不断分裂增长，各部门很自然地局限于各自的专业世界里，难以从公司整体的角度思考和行动，结果会造成内部协作问题，因此企业需要综合管理者。明茨伯格用"盲人摸象"的寓言形象地说明了管理缺乏整体认知的结果。

如果说这种专业化分工属于客观不良后果还可以接受的话，那么职业管理者一旦出现了"为管理而管理"的主观行为后，其后果就严重的多了。管理者希望能做出成绩，获得认可。实现自我价值本来不是坏事，但试图通过更专业来达到这一目的却是企业的不幸。专业管理者为了表现自己的能力，为企业导入华而不实的管理理念和方法，使用了大量的管理工具，结果不仅不能为企业带来价值，反而造成了企业管理成本的增加并阻碍了企业的发展。

企业文化管理专业化后，企业文化管理人员（有时伙同管理咨询公司）提炼理念，编制手册，制定口号，设计形象，并且"落地深植"。最终形成了厚厚的理念手册、制度手册，并"规范"了员工的行为。但结果却是搞得企业劳民伤财，鸡飞狗跳，企业文化与企业实际脱节，最后成了企业装点门面的工具。

企业战略和生产运营专业化后，企业内部会议不断，企业数据报表及分析报告成倍增加。不仅许多人员的时间被占用，而且企业为构建战略或运营信息系统付出了一大笔费用。殊不知，企业是否需要构建战略规划或运营系统，以及其正规化和复杂化程度应与企业规模、经营性质、内容以及成长阶段等相适应。管理的提升过程必须结合企业发展阶段和发展战略，一切的管理都是为业务服务的，不能因追求其本身的完美完善，而忘记管理的本质是为客户创造价值这个基本原理。

质量管理专业化后，企业增加了运营成本和做表面文章的文件。ISO9000 认证本来是要通过标准化管理，消除任何偏离规范的可能，以此提高企业的产品质量。但为此企业付出的代价是管理人员的增加，运营成本的增加，更为可怕的是阻碍了真正的创新。美国宾夕法尼大学的本纳教授和哈佛商学院的塔什曼教授通过大量研究表明，ISO9000 催生了大量雷同的专利，却将真正的技术创新和新产品挤了出去。

受到批评最多的是人力资源管理的专业化导致的与经营业务的脱节。人力资源管理部门为了显示自己存在的价值，冠以专业化的借口，坐在办公室里玩弄和研究自己手中的"专业工具"，制造噱头，以示自己的存在。人力资源部门使出浑身解数，将眼下流行的概念和工具尽数揉入自己的工作或人力资源管理项目中，却是劳民伤财，没有产生任何价值。尤其在绩效考核方面，人力资源管理部门罔顾过于频繁的考核排名导致企业效率的下降，而孜孜于研究更复杂的考核评价分数计算，折算方法，来促使管理者的评价结果更"科学"。错误的考核和激励机制，结果造成本来乐于合作的部门，开始以邻为壑，破坏了主管与员工之间的默契。人力资源只关注于自己的专业，而忽略企业整体大局，造成人力资源正成为一种企业的黑暗力量，强化着那些荒谬的企业规则，阻碍了创新和企业的变革。

德鲁克曾这样评价专业管理："很多专业人士自以为很有成就，实际上他们不过在帮忙打杂或磨亮石头罢了。"专业人士的最大敌人，就是专业本身。更为恐怖的是，专业管理者常常会演化为官僚。官僚们认为自己做什么不重要，重要的是在于怎么做。他们"靠本本进行管理，下属们的工作内容没有他们是否能按时上下班重要"，他们"所关心的并不是迫在眉睫的大事，尽是些鸡毛蒜皮的小事"。他们对价值却一无所知，他们总是在成本、制度、流程上叫板。

卡里·纪伯伦说："我们已经走得太远，以至于忘记了为何出发。"我们在进行专业化管理的同时，时刻应该记起这句话，以防止我们"为管理而管理"。如果我们的专业化管理不能实现企业的效益与效率，就应该尽早停止。

第四章
政治的束缚：动物庄园

英国著名作家乔治·奥威尔曾写过一篇寓言小说《动物庄园》用来揭露人类革命的政治统治，故事大致是这样的：

德高望重且年迈的雄猪麦哲提出了"人类剥削牲畜，牲畜须革命"的理论之后死去了，但给庄园里那些比较聪明的动物带来了一个全新的生活观念。有些聪明的猪把麦哲的理论用心琢磨后推敲出一套完整的思想体系，并在农场里掀起了一场由猪领导的革命，原来的剥削者——农场主被赶走，动物们也实现了"当家作主"的愿望。

其中两头领头的猪成为了动物庄园里的头领和管理者。在最初的管理工作里，动物庄园相安无事，但后来两头领头猪合不来了，无论其中一个建议什么，另一个就准会反其道而行之。由此动物庄园内部形成了两派。一头领头猪（斯诺鲍）能言善辩，擅长演讲，它的话很有说服力，能使绝大多数的动物信服；而另一头领头猪（拿破仑）则是一个阴谋家，善于玩弄政治，奸猾的它，用一个光明正大的理由把九个狗崽子弄到了它那里，明地里说是"教育要从娃娃抓起"，暗里却偷偷把这些狗锻炼成了忠实的打手"狗腿子"，培养成了自己的私人武装。等这些杀手狗腿子成长起来以后，拿破仑知道自己的机会到了。

在一次会议中，聪明而卓越有见识的斯诺鲍提出的修建风车的观点得到了几乎所有动物的赞成，而拿破仑看到此景颇为尴尬。眼看就要一败涂地，它及时地发动了自己的武装力量，欲把斯诺鲍置于死地。斯诺鲍无奈地拼命逃出了庄园。在九条狗的震慑下，拿破仑登上了大宝，在另一头口齿伶俐善于欺骗的猪斯奎拉的游说下，斯诺鲍被宣布为叛徒、内奸，动物们也平静地接受了这个现实。

拿破仑在九条狗和斯奎拉通过威胁和欺骗这两种手段建立了自己的统治，并把自己打造成了一个英明神武、睿智老练的领袖。在拿破仑的统治下，动物们违心和小心翼翼地活着。他们说话、办事都怕得罪了那些拿破仑的幕僚们。对于拿破仑或者亲信们的决策，他们只能逆来顺受。否则，动物们稍有微词便被屠杀。动物们的一切必须唯伟大领袖拿破仑之命是从，拿破仑永远正确。拿破仑过上了统治者的生活，而其他动物们又回到了受剥削的时代。

《动物庄园》作为一部寓言小说，描述了一场"动物主义"革命的酝酿、兴起和最终畸变。小说中关于动物们性格中的贪婪、自私、懦弱、虚荣和愚蠢的描写，明显可以解释为人性中的黑暗面。然而，民众中的主体还是驯服的和不知反抗的，沉默隐忍似乎成为了它们唯一的生存之道。社会统治存在政治，企业中同样存在政治。公司政治就像空气，无时不在，无处不在，它时时刻刻有意无意地存在于公司管理者的心中，是一种谁也无法忽略、更为隐蔽，也更有决定性的力量左右着公司的管理实践。曾创造管理奇迹，担任 GE 公司 20 多年总裁的杰克·韦尔奇在自传中说："我的长期职业目标是当 CEO，所以为实现我的梦想，我就一定不能让运转中的'风车'发生倾斜。如果我抱怨这个体制，我就会被这个体制拿下。"深刻理解公司内部的政治体系，在这一体系中妥善生存下来,并且因深谙这个体系的运转规律而在其中获得成功,这是企业管理者自然的选择。在一个充满政治斗争的组织里,在一个充满不尊重和不信任的组织里,在一个错误评价激励指标主导的企业里,再有用的管理知识也是无用的,大家试图保护自己而采取了不适当的管理实践,结果造成了对正确管理的视而不见。

一、可怕的上司利益

"天下熙熙,皆为利来;天下攘攘,皆为利往。"公司管理权力游戏中无不围绕利益而运行。虽然管理可以冠以为社会、组织或他人受益目标的理由,但实质上还是为了上司的利益。因为即使管理的确可以使社会、组织或他人受益,但上司热衷于这些目标的实现,是因为实现这些目标同时也是实现上司利益目标的需求。例如实现公司良好的业绩,就意味着上司可以获得经济上或心理成就满足上的好处。作为组织中的管理者,上司实现自己的利益更多的是需要通过下属的工作来实现,而权力就是上司保障自己通过下属受益的核心工具。权力不仅决定着上司自己的利益,同时也决定着下属的利益。在正式的组织结构中,上司的权力不仅可以支持或否定下属的请示和建议,而且可以左右甚至决定下属在组织中能够享有的利益。

由于上司权力的存在,在组织中每个人都是自己的配角,而上司才是自己的主角。下属的行为如果能够促进上司的利益,通常会获得上司的支持与认可。下属的行为如果影响了上司的利益,则会被上司否定,甚至会获得惩罚。鉴于此,在企业管理中,管理者的行为自然会受到趋利避害本能的影响;结果,并不是最佳的管理决策和方法得以实施。这种现象,我们可以通过蒙牛内幕可见一斑。

2006年伊利集团广告部主任孙先红与伊利集团总裁助理张治国出版了《蒙牛内幕》一书,该书披露了伊利集团的诸多政治内幕。1998年牛根生受当时执掌伊利集团的郑俊怀聘任担任生产经营副总裁职务,分管伊利集团重要运营工作。在牛根生的带领下,伊利集团取得了很大成绩。然而随着牛根生对伊利的贡献越来越大,他与郑俊怀之间逐渐产生了分歧。再加上牛根生锋芒太露,经常"抢了郑总的风头",二人之间的隔阂变得越来越大。牛根生将伊利雪糕的销售额由1987年的15万元增长为1997年的7亿元,但这一业绩不但没有得到郑俊怀的赏识,反而使他更加坐立不安;"君臣"关系,一下子就变成了敌对关系。

尤其在一次会议上,牛根生说:"这届领导班子干不了大事。"这句话更加触动和刺伤了郑俊怀。几个月后,郑俊怀在一次会议上宣布牛根生不再管生产经营,而由他直接负责。之后伊利集团围绕:"生产经营问题"和"反对说假话、帮派、裙带关系等作风问题"开展了一系列整风会议,矛头直指牛根生。随后,郑俊怀用一系列的手段,逼迫牛根生主动辞职。

牛根生曾对记者描述过当时的情形说:"1998年上半年,我突然感到不对劲,身为副总裁的我,在公司里调动很小的一部分资金,也要受到众多部门的制约。即使是买把扫帚也要打报告审批。从某种意义上说,我是当年伊利的第一功臣,伊利80%以上的营业额来自我主管的各个事业部。为打造伊利品牌,我花了不少心血。"

牛根生也曾提出了很好的战略思路,但郑俊怀担心伊利战略一旦按照牛根生的思想发展,自己就会对伊利失控。此外,因为牛根生平时说话不注意场合,由此他下定决心让牛根生出局。

郑俊怀不仅把牛根生踢出了伊利,而且也对潘刚打压。伊利在郑俊怀当政时,为了压制不是自己人的潘刚,对潘刚负责的液态奶事业采取不予支持的态度,致使伊利的液态奶错过了发展的大好时机。后来由于作为总裁的潘刚,对公司的账目有了过多的过问,致使郑俊怀决定罢免潘刚。

独立董事俞伯伟透露,事实上,郑俊怀也对伊利财务负责人杨桂琴也非常不满。郑俊怀曾将杨桂琴从总裁的位置罢免后又扶上副董事长的位置实则有难言的苦衷。"至于郑俊怀为何忌惮她,原因似乎很简单,杨桂琴多年来一直负责财务,对伊利的财务状况非常了解。"据知情者说,在伊利公司,只有杨桂琴敢顶撞郑俊怀。甚至在公开会议上,如果杨桂琴对郑俊怀说法不满,当面提出异议,郑俊怀也没有反驳。

通过蒙牛内幕,我们可以看出在企业中上下级之间这种利益关系所带来的后果。不过,蒙牛内幕也绝非蒙牛独有,任何企业中都存在这种现象而不可避免,只是程度深浅而已。如果遇到比较开明、大度、忍耐力较强的上司,那么公司内这种政治现象就较为温和,算是下属的幸运。否则只能由下属自认倒霉了。但无论是什么样的上司,利益永远是上司与下属相处的基础,除此外所宣传的高尚目的只是一种华丽的托词而已。华帝集团同样也经历了这样的案例。

1999 年,姚吉庆被推上国内燃气灶巨头广东中山华帝燃具有限公司总经理以及华帝集团总经理的职位,公司创业的 7 位老板全部退位让贤。华帝的所有权和经营权的两权分离被吴敬链称为中国民企的发展方向,姚吉庆本人也一举成名,并被媒体炒作为"中国第一职业经理人"。

但 2001 年,姚吉庆意外地未能成为改制后的中山华帝燃具股份有限公司的总经理,而只保留着华帝集团总经理的头衔。敏感的外界一致认为,他已经被架空。中国职业经理第一人陷入了尴尬状态。2002 年姚吉庆只剩下以股东的身份进入媒体视线。此后,姚吉庆在华帝为什么能坐上总经理的位置,7 位老板当初为什么让贤的幕后故事开始浮出水面。原来华帝之所以当初选姚吉庆做总经理,表面光鲜理由是让能人来管理企业,但推出姚吉庆更重要的内因却是公司 7 个老板为了寻求一种权力的平衡而政治内斗政治的需要。

但事实上,华帝 7 个老板作为整体对姚吉庆究竟是不放心的。因此在姚吉庆担任总经理时,总经理的权限其实很小,公司月度财务预算、部门经理撤换、广告投放超过万元的等,都需要董事会批准,除此外总经理还需要每个月向董事会述职一次。

姚吉庆接任总经理时就表示要建立优秀的职业经理人团队,姚吉庆两次改革让手下人当"老板"的举动,在 7 个老板眼里可能有点逼要"期权"或者"股份"的意味。老板们担心这样的团队会演变成姚吉庆在华帝的势力,从而最终成为要挟他们的砝码。因此在华帝老板 7 个之间达成新的政治共识和利益调整后,架空了姚吉庆。

李直在《公司政治解密》一书中这样评价华帝集团的这一案例:"下属与领导的关系,核心不体现在'友情'上,而是体现在'有用'上。在公司政治中,首先作好一个棋子吧,布局者毕竟只是少数,而且布局者一般都是从棋子做起的。"

二、可恨的官僚与幕僚

官僚主义是指脱离实际、脱离群众、做官当老爷的领导作风。不深入基层和群众,不了解实际情况,不关心群众疾苦,遇事不负责任,独断专行,不按客观规律办事,主观主义地瞎指挥等,都是官僚主义作风的表现。美国最有影响力的管理学家之一,企业生命周期理论创立者,伊查克·爱迪思认为,官僚们对价值一无所知,他们总是在成本、制度、流程上叫板。他们"靠本本进行管理,下属们的工作内容没有他们是否能按时上下班重要",他们"所关心的并不是迫在眉睫的大事,尽是些鸡毛蒜皮的小事";因此,官僚所经营的企业是一场非常好的灾难,企业会一步步地走向破产,而且会是准时破产。

官僚主义不仅是政府组织机关最容易犯的一种政治病症,也是企业管理中难以根治的顽疾。1963 年,周恩来曾在党中央和国务院直属机关负责干部会议上着重讲了反对官僚主义的问题,并列举了官僚主义的 20 种表现。这 20 种表现,同样需要在企业中引起重视,并引以为戒。

第一种,高高在上,孤陋寡闻,不了解下情,不调查研究,不抓具体政策,不做政治思想工作,脱离群众,脱离实际,一旦发号施令,必将误国误民。这是脱离领导,脱离群众的官僚主义。

第二种,狂妄自大,骄傲自满,主观片面,粗枝大叶;不抓业务,空谈政治;不听人言,蛮横专断;不顾实际,胡乱指挥。这是强迫命令式的官僚主义。一个人站在领导地位,不虚心,不平易近人,自以为了不起,什么都懂,只要有这种思想并且在作风中表现出来,就危险了。这种人大概总是不去抓业务,觉得我是领导政治的,人家的话听不进去,觉得琐碎,也不研究人家讲话的内容,结果就蛮横专断,瞎乱指挥。

第三种,从早到晚,忙忙碌碌,一年到头,辛辛苦苦;对事情没有调查,对人员没有考察;发言无准备,工作无计划;既不研究政策,又不依靠群众,盲目单干,不辨方向。这是无头脑的,迷失方向的,事务主义的官僚主义。

第四种,官气熏天,不可向迩;唯我独尊,使人望而生畏;

颐指气使，不以平等待人；作风粗暴，动辄破口骂人。这是老爷式的官僚主义。

第五种，不学无术，耻于下问；浮夸谎报，瞒哄中央；弄虚作假，文过饰非；功则归己，过则归人。这是不老实的官僚主义。

第六种，遇事推诿，怕负责任；承担任务，讨价还价；办事拖拉，长期不决；麻木不仁，失掉警惕。这是不负责任的官僚主义。

第七种，遇事敷衍，与人无争；老于世故，巧于应付；上捧下拉，面面俱圆。这是做官混饭吃的官僚主义。

第八种，学政治不成，钻业务不进；语言无味，领导无方；尸位素餐，滥竽充数。这是无能的官僚主义。

第九种，糊糊涂涂，混混沌沌，人云亦云，得过且过，饱食终日，无所用心；一问三不知，一日曝十日寒。这是糊涂无用的官僚主义。

第十种，文件要人代读，边听边睡，不看就批，错了怪人；对事情心中无数，又不愿跟人商量，推来推去，不了了之；对上则支支吾吾，唯唯诺诺，对下则不懂装懂，指手画脚，对同级则貌合神离，同床异梦。这是懒汉式的官僚主义。

第十一种，机构庞杂，人浮于事，重创叠屋，团团转转，人多事乱，不务正业，浪费资财，破坏制度。这是机关式的官僚主义。凡是机关大而人多的地方，必定是要出官僚主义，这几乎成为规律了。那里的领导人即使精明强干，也会有官僚主义。因为那个机关本来不需要那么大，机构搞得那么臃肿，一定会有很多人不办事情，吵吵嚷嚷，很多事情在那里兜圈子，办不出去。把机关搞小，有事情一商量就解决了。

第十二种，指示多，不看；报告多，不批；表报多，不用；

会议多，不传；来往多，不谈。这是文牍主义和形式主义的官僚主义。

第十三种，图享受，怕艰苦；好伸手，走后门；一人做"官"，全家享福，一人得道，鸡犬升天；请客送礼，置装添私；苦乐不均，内外不一。这是特殊化的官僚主义。

第十四种，"官"越做越大，脾气越来越坏，生活要求越来越高，房子越大越好，装饰越贵越好，供应越多越好；领导干部这样，必定引起周围的人铺张浪费，左右的人上下其手。这是摆官架子的官僚主义。

第十五种，假公济私，移私作公；监守自盗，执法犯法；多吃多占，不退不换。这是自私自利的官僚主义。

第十六种，伸手向党要名誉，要地位，不给还不满意；对工作挑肥拣瘦，对待遇斤斤计较；对同事拉拉扯扯，对群众漠不关心。这是争名夺利的官僚主义。

第十七种，多头领导，互不团结；政出多门，工作散乱；互相排挤，上下隔阂；既不集中，也无民主。这是闹不团结的官僚主义。

第十八种，目无组织，任用私人，结党营私，互相包庇；封建关系，派别利益；个人超越一切，小公损害大公。这是宗派性的官僚主义。

第十九种，革命意志衰退，政治生活蜕化；靠老资格，摆官架子；大吃大喝，好逸恶劳，游山玩水，走马观花；既不用脑，也不动手；不注意国家利益，不关心群众生活。这是蜕化变质的官僚主义。

第二十种，助长歪风邪气，纵容坏人坏事；打击报复，违法乱纪，压制民主，欺凌群众；直至敌我不分，互相勾结，作奸犯科，害党害国。这是走上非常危险道路的官僚主义。

　　企业"官僚主义"对企业的伤害是很大的，而且官僚主义者手中的权力越大其对企业的伤害也就越大。在企业中，越是高层管理者越容易出现官僚主义问题；职能部门特别是人力资源部门更容易出现官僚主义作风。爱迪思认为，企业生命周期的结束是以官僚期而寿终正寝的。官僚期的企业，到处充斥着制度、表格、程序、规章，就是看不到真正的经营活动。典型的官僚组织，企业已经不在乎客户，与外界隔绝，盛行文件崇拜，不管什么事情都需要打书面报告，客户提交了书面请求而最终找不到谁能对产品中出现的问题负责。部门负责人只能照章行事，但制度为何这样规定却说不清楚。

　　企业中除了存在官僚，还存在幕僚。这些伴随在领导周围，能影响领导判断和决定的亲信们，同样严重干扰了最佳的管理实践。德鲁克说："在我所知的每一家企业中，最严重的组织问题，几乎都是幕僚和营运主管之间的冲突。"幕僚们总是围绕在最高层周围，削弱了运营主管的职权，阻断了运营主管和高层直接沟通的渠道，他们非但不能为在第一线的运营主管服务，反而试图变成主人；他们混淆了自己的工作范围，把原本应该由运营主管承担的制定政策、发展计划等工作揽到自己手中。结果是，运营主管开始视公司高层和他们身边幕僚为必须智取的敌人，不是阳奉阴违，就是敬而远之。直线经理的失职，都是幕僚们的越俎代庖引起的。幕僚会干扰企业原本正常的责任链，严重影响企业的正常运转。

三、无奈的下属权力

　　上司不是组织中唯一具有权力的人，下属也有权力。组织结构虽然赋有上司正式职权，但很多时候权力却是掌握在下属手中。如果下属拒绝合作,上司就无法执行自己的职责。其中之一是,尽管上司有权让下属做某事,但要是他没有按照上司的要求去做,上司也拿他没办法。可能情况之一是他对上司有价值,所以为了以后的合作,上司可能会听之任之。例如在所管理的人员中有一位技术或能力不可或缺替代的下属,在某些事上如果他不按照上司的要求去做,而上司也只能无奈的选择妥协。

除此外,作为管理者而言,根本无法监督和评价下属的工作,因此下属就有机会能够用小动作破坏工作的成效而不被发现。因为许多具体工作是由下属去做的,而上司不可能 24 小时盯着下属,也不可能对下属提供的每一条信息进行核实。另外由于专业的限制,上司不可能判断所有的问题。例如,汉文帝时的大将周亚夫在平七王之乱时,汉文帝去军营视察,但是军营的士兵都不听文帝的号令,反而文帝要听从军营里的军令,文帝的侍从很不爽,当面诘问周亚夫。于是周亚夫说:"将在外,君命有所不受。"结果上司只能听信下属的报告,下属便成了最有权力的人。

最后,下属的能力不足以及不能很好地领会上司的决策,也影响着管理最佳实践的效果。关于这一点,我们可以通过一个故事来体会。

有一天森林里暴发了洪水,一群动物找到一条船准备逃命。所有的动物上船后才发现船太小了,船随时有沉没的危险。必须下去几个,否则全船动物都会被淹死。但让谁下船呢?为公平起见,最后动物们想出这样一个办法:船上的每个动物讲一个笑话,如果它的笑话能让船上所有的动物发笑,它就可以继续呆在这个船上,如果有一个动物不笑,它就得下船。

最先讲笑话的是老牛。老牛讲的笑话很好笑,所有的动物都被逗得哈哈大笑,只有猪毫无反应。按照规则,老牛必须得下船。老牛再三哀求无效，只得含泪跳进水里。

接下来讲笑话的是羊，羊讲的笑话一点也不好笑，动物们都没笑。动物们正要把羊赶下船时，却听到猪在那里哈哈大笑。

动物们纳闷地问猪："刚才老牛讲的那个笑话那么好笑你都没笑，羊讲的这个笑话一点也不好笑，你为什么反笑了呢?"猪恍然大悟地说："我终于明白老牛讲的那个笑话了，真是太好笑了。"

老牛本来完全可以在这条船上呆下去的，是一头蠢猪害了它，虽然猪不是故意的。

四、困惑的群体压力

群体压力是群体对其成员的一种影响力。当群体成员的思想或行为与群体意见或规范发生冲突时，成员为了保持与群体的关系而需要遵守群体意见或规范时所感受到的一种无形的心理压力，它使成员倾向于作出被群体所接受的或认可的反应。趋向于一定的群体是人的一种生存方式，当个人被他所在的群体所排斥时，通常会体验到莫大的痛苦，为此他们做出了与群体一致的选择。此外，群体为个体的行为提供了参照，人们倾向于相信多数，认为他们是信息的来源而怀疑自己的判断，因为人们觉得，多数人正确的可能性较大。在模棱两可的情况下，尤其如此。

社会心理学家所罗门·阿希曾做过"线段实验"，以此来测试群体压力对个体的影响。阿希找来一个被测试者，同时又找来7名为配合实验而故意安排的助手，然后给他们两张卡片，其中一张上有一条线，另一张卡片上有三条长度不同的线，然后让他们说出三条线中哪一条与另一张卡片上的一条线长度相同。阿希先让助手故意给出相同的错误答案,然后观察被测试者的反应。实验结果发现有33%的被试者会屈服于小组的压力而做出错误的判断。阿希的实验表明:有些人情愿追随群体的意见,即使这种意见与他们从自身感觉得来的信息相互抵触。

还有一种群体压力,是在群力未作出选择时,人们为保持与群体一致而采取的预测性群体选择。杰瑞·哈维教授在1974年发表的一篇题为《管理中的阿比林悖论和其它思考》的文章中,讲述了这样一个故事:

哈维和太太以及岳父岳母在40℃的高温下,坐在位于德克萨斯州科勒曼城的家中的门廊里。科勒曼距离德克萨斯州的另一个城市阿比林大约53英里。4个成年人在酷暑中尽可能地少活动,喝柠檬水,看着风扇懒洋洋地转,偶尔玩玩多米诺牌。过了一会,岳父建议开车去阿比林,在那儿的一家餐厅吃饭。哈维作为女婿觉得这个主意很疯狂,但看不出有任何反对的必要,因此他附和了该提议,太太和岳母也附和了提议。

4个人上了没有空调的别克轿车,冒着尘暴驱车去阿比林。他们在餐厅吃了一顿乏味的午餐,然后回到了科勒曼,筋疲力尽,并且燥热难当。大家对这次经历普遍不满意。直到他们到家后,才发现原来没有一个人真的想去阿比林——他们只是附和,因为他们认为其他人盼着去。

五、不可避免的代理问题

当一个或多个人(委托人)为实施某种服务而雇佣另一人或多人(代理人)为代为决策者时,代理关系就产生了。而在这种代理关系存在时,当代理人优先追求自己的目标而不是委托人的目标时,委托—代理问题就产生了。由于委托人和代理人各自追求自己利益的最大化，因此代理关系在社会中广泛存在。委托人的目标是要将它从代理人行为中所获得的价值和它支付给代理人的报酬之间的差异最大化；而代理人关心的是自己能从参与这种关系中获得的价值，并减少自己从事这种行为的成本。由于这种目标差异，企业中的经理人或职工就有可能为了追求自我利益而损害企业利益。

在一个充满竞争和不断发展变化的环境中，增长不仅是一种发展的手段，更是一种求生存的手段。"逆水行舟，不进则退"，正是企业追求增长的内生逻辑。为此许多企业常常采取多元化、收购等方式获得增长。然而，现在许多职业经理人却显示出对多元化和收购的过度热衷，甚至进行无利润的投资以增大公司的规模。这种热衷其实是代理问题在发挥作用。企业多元化和并购可以扩大企业的经营范围和降低企业的利润波动风险，随着企业经营范围的扩大，经理人的社会地位、职权范围、声望、薪金都会得到相应提高，企业利润波动减小，经理人由于不确定因素引起的失业风险也减少，因此经理人对企业并购十分热衷，即使多元化和并购对委托人来将并不是一件好事。

一般来讲，经理人员都有一定的任期。当经理人员接近退休时，研发费的支出随之减少，就是一种代理问题的表现。通常此时，经理人员可能偏好投资于具有较低成本和能够更快取得成效的项目，而放弃更具获利性但是成本较高且需长期见效的项目。因为，临近退休的经理人员可能会承受研发费支出导致自己当期报酬的减少而却未能享受其投资长期所带来的利益。

当报酬中很大一部分由固定工资组成时，经理人员的风险偏好可能更接近于债权人，而对投资于具有开创性的产品、科技与市场表现出过分谨慎。因为，公司一旦因此陷入财务危机或破产,不仅对经理人员的名誉造成影响,而且增加了他们另谋职位的难度。

除以上这些之外,管理者也存在着很多其他代理问题。比如制定有利于自己的薪酬政策和人力资源管理制度,增加个人在职消费的预算等行为。

第三篇

如何解决悖论

第五章

解决公司政治

一、企业政治是公司生活的精髓

企业政治是那些不是由组织正式角色所要求的，但又影响或试图影响组织中利害分配的活动。企业政治通常以牺牲其他人或组织的利益为代价。企业政治是一种谁也无法忽略的、更为隐秘也更有决定性的力量，左右着公司的行为甚至决定着企业未来发展的走向。正如理查德·瑞提和史蒂夫·利维在《公司政治》一书扉页上写的那样："可以毫不夸张地说，公司政治是公司生活的精髓。公司政治是一套真正有效的控制系统。"公司政治是企业中普遍存在的一种现象，应该受到重视。

企业政治行为之所以在管理中应该被十分重视，是因为其对于整个组织的效益和效率来说都是一个潜在的威胁。企业政治不仅会对组织的正常运作，如决策的产生、雇员的升迁与报偿产生干扰，而且会对组织的生产力造成危害，这些危害包括：扭曲企业目标、滥用资源、造成纷争、导致挫折紧张、不当升迁、不利于协调沟通、破坏组织形象等。同时对于员工个体来说，倘若员工知觉到企业中的政治行为会对他们造成威胁时，则可能表现出降低工作满意度、改变工作态度、加剧焦虑感等负面的反应。

无处不在、或明或暗的公司政治最终会导致人们丧失信任、貌合神离、结党营私、互相倾轧，最终损害组织的整体利益。在一种人人自危、互相猜疑的文化环境中，公司政治很有可能被畸形地放大。当互相倾轧、钩心斗角代替了对外的团结一致时，那么，挖自家墙脚、离心作用加速的现象就会发生，企业大厦的倾倒也就只是一个时间问题了。在一个充满企业不良政治氛围的企业中，无论企业有多么好的机遇，无论企业有多么能干的员工，企业都不会得到最佳的管理实践，因此解决企业政治是企业管理中的首要问题。

二、企业政治产生的原因

组织政治行为是人类追求自我利益最大化的必然本质。美国心理学家亚伯拉罕·马斯洛 1943 年在《人类激励理论》论文中提出了需求层次理论，并认为人类需求像阶梯一样从低到高按层次分为五种，分别是：生理需求、安全需求、社交需求、尊重需求和自我实现需求。尽管这些需求具有层次之分，但无论哪一种需求的实现，都意味着个人利益的满足。

作为企业中的个人，无论他在工作时扮演什么角色和承担什么工作，说到底都是在满足自己的利益需求。而当他们试图最大化自己利益时，如果个人目标与组织的目标出现相互冲突，他们可能会抛开组织利益，通过各种政治策略达到个人的目的。而当个人对自身利益关注度过高、奉行马基雅维利主义、对政治行为的成功期望较大时，更可能产生政治行为。拥有核心技术或技能、手握关键客户资源、有权做出收益分配、具有声誉、内外部人脉网络强大的人容易诱发企业政治的出现与蔓延。

在组织层面，特定的情境和文化则是政治行为产生的环境根源。当组织的资源趋于紧缺时，当现有资源分配模式正在发生变化时，当其中存在晋升机会时，政治行为更可能会浮出水面。此外如果组织文化缺乏信任、角色模糊、绩效评估体系不明确、零和的报酬分配体系、缺乏民主化决策、在高度压力状态下完成工作，以及存在自私的高层管理者时，那么这类组织往往会成为滋生政治活动的温床。

三、企业政治的阶段性

爱迪思将企业成长阶段分为孕育期、婴儿期、学步期、青春期、盛年期、稳定期、贵族期、官僚期和死亡期。企业成长各个阶段企业的特点和关注的重点不同，其管理风格和方式也不同，因此政治斗争的激烈程度和内容也不相同。

对于孕育期和婴儿期的企业，由于组织结构简单，并且组织关注的焦点在业务和市场的拓展上，组织成员具有很强的使命感和责任感，这个时候相对来说，政治行为无暇产生，即使产生也很少产生大的破坏作用。到了学步期，随着企业规模的扩大和管理授权，企业政治开始出现涟漪。

到了青春期，企业进入政治斗争的高峰期。从管理角度看，企业的青春期，要完成创业者向职业经理人的交棒过程，而这是一个痛苦的过程。即便是创业者本人转变为职业经理人，其中的冲突、摩擦也在所难免。这种管理上的转型，最明显的特征就是企业行为缺乏连续性，人员中间产生隔阂，新人和旧人合不来。此时的企业内部管理摇摆不定，企业内部相互信任和尊重飞速下降。许多企业在这一时期突然死亡或分裂，多数与企业政治有关。

到了盛年期和稳定期，经过青春期的激烈政治斗争，企业基本形成了较为稳定政治格局和良性的政治氛围。而到了贵族期，政治氛围尽管较浓，但出现一方独大局面，尽管存在政治行为，但都会被强者征服。

而到了官僚期，政治斗争又开始激烈。人们都为了维护自己的利益而争斗，强调的是别人造成了灾难，似乎只要找出"罪魁祸首"就能恢复正常，总要有人为错误承担责任，于是内讧和中伤不断，大家都在争夺企业内部的地盘，客户的需要无人理睬，那些平时就看着不顺眼的员工（正是这些人往往保存着一些创造力）就变成了牺牲品，凡是有创造力的人，在官僚化内讧中往往不是那些擅长权位者的对手，他们会被送上祭坛。而试图推行变革、彻底扭转官僚化趋势的人，其努力不过是"把煮熟的面条向山上滚"，不但无济于事，而且还往往会搭上自己的职业前程，最后不得不走人。官僚化政治斗争的结局是企业濒临破产，此时靠企业自身的商业努力已经无力回天，其出路只有两条，或者是接受政府补贴，或者是被收归国有。

四、企业政治管理对策

公司政治是公司生活的精髓，是一套真正有效的控制系统，因此公司政治也是企业文化的核心。为此，有效管理企业政治应该结合企业文化建设来进行。事实上，有效的企业文化就是有效管理企业政治的文化。加里·尼尔逊、布鲁斯·帕斯特纳克等认为企业文化基因是由组织框架、决策权、信息传导和激励机制四个基本要素组成。由此，有效管理企业政治可以从企业文化基因的四种重要基因要素活动（组织构架、决策模式、信息传导、激励机制）入手系统管理设计（图5-1）。

有效管理企业政治首先要形成明确的企业政治价值观，提倡并乐见正能量的积累，反对蝇营狗苟与无事生非。在企业的核心价值观中，很少有企业提出明确的反企业政治内容。多数企业都提出了积极的、具有正能量的内容，但殊不知真正有效的内容应该是反企业政治的东西。解决不了企业政治问题，其他价值观都可能是一句空话。而建立反政治的企业文化则需要人与人之间的尊重、信任和坦诚。

在组织结构方面要明确职权，使组织结构明晰化、契约化，尽量减少职权模糊，防止因权责不明而引发的不良公司政治行为。每个管理者都有自己特定的职责范围，或者说是管理主权区域，超出自己的管理主权区域就是侵犯别人的主权。即使是董事长或总经理也一样，不

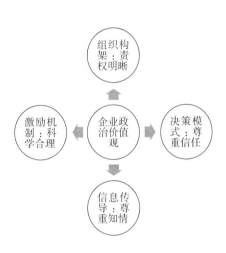

图 5-1　企业政治系统管理设计模式

能随便侵犯下属的主权。否则不仅问题得不到解决，还可能带来反抗，进而引发企业政治问题。管理人员或部门"主权"的界定首先要以组织明确的岗位和职位说明书为依据，这是自己主权的法律依据。对于岗位或职位说明书中出现的交叉职能，两人可以共同协商，或者一方委托另一方负责管理。管理中，对于别人的工作我们不应该干涉，除非当别人的工作影响到了自己的工作。无论何种原因，一般来讲不可越权管理，除了以下几种情况下可以商榷外：紧急情况下、正常程序极大浪费效率时而又对主权人影响不大时、特殊组织结构（团队型、项目组型）。

在组织决策模式上要在尊重与信任基础上，不断学习，科学决策，形成有效决策思维。企业应该提供给职工平等的参与机会，多征求各方意见，多组织如职工代表会、合理化建议等活

动。在科学决策方面，企业应该制定合理的会议流程、制度、议事规则等消除政治对决策的影响。尤其企业决策要把握好"民主"与"集中"之间的关系和尺度，以便达到高效、有效决策。

在信息传导方面要充分尊重利益相关者的知情权，及时进行信息传递与沟通。企业要建立畅通的沟通渠道，包括正式和非正式的方式。让员工及时获取信息，在管理决策上鼓励员工参与，强化员工互动，增强员工对企业的信任感和参与感，尽量避免因为沟通不畅或者沟通断层而引起员工的误解，以防止产生政治行为。比如著名的公司英特尔就非常重视公司内部沟通体系的建设。在英特尔总部，专门设有一个"全球员工沟通部"，促进英特尔沟通体系与团队发展。英特尔在内部推崇并采取开放式的沟通模式。多年来，英特尔建立了员工问答、员工简报、一对一面谈、定期的部门会议、全球员工关系调查等沟通体制，形成了自己的沟通体系，构建了一个完整的员工沟通的圆环。这样，沟通就能解决实质问题，有效化解了不良公司政治产生的各种土壤，让企业保持稳定的平衡。

不过，沟通的技巧有时并不是最重要的，就企业政治中的沟通而言，最基本的成功要素应该是"坦诚"。正如韦尔奇先生在《赢》中所说："我一直都是'坦诚'二字强有力的拥护者。实际上，这个话题我给听众们宣讲了足足多年。但是直到自己退休以后，我才意识到自己低估了'坦诚精神'的罕见程度。"

在激励机制方面，要科学分配资源，坚持效率优先兼顾公平，坚持机会平等优先兼顾收入平等，制定合理激励手段，防止竞争性损伤。建立和完善人力资源系统的各项规章制度，构建透明化的薪酬及升迁制度。人力资源制度是否健全、各自角色是否明确是组织政治行为是否发生的重要条件。所以，规范员工的行为、减少不健康的组织政治行为发生的关键点，就在于人力资源制度的不断完善。由于组织政治行为具有隐蔽性，有些单位只是把这些行为作为意见提出来，很少与绩效挂钩，这样也助长了组织政治行为的蔓延。只有把组织政治行为，尤其是不健康的组织政治行为纳入到绩效评估系统中，才能有效地遏制这种行为的负面影响。

除此外，所有管理者也要在自身锻造方面坚守政治道德底线，掌握平衡之道，避免小团体的泛滥和恶斗。领导者的行为及管理风格常会影响其下成员的政治行为高低，在独裁式的领导风格下，部属的行为最为孤立，且有敌对心理并具有攻击性。同时管理者也应该养成政治防范意识，尽量避免因个人偏好而引发的政治行为。例如由于政治的模糊性，不同人从不同角度对同一行为有不同看法。同样一种行为，一个人可能会认为是"政治行为"，另一个人则可能认为是"有效管理"活动。例如一种溜须拍马的行为可能会被误认为是忠诚，政治野心可能会被误认为是事业心强。正是由于组织中广泛存在的模糊性，"事实"很难为自己说话，因此导致政治行为的昌盛。

总之，企业政治因事而发，玩转企业政治，管理者必须在做人与做事之间寻求平衡，达到游刃有余的境界。但无论如何，在企业政治已是企业常态的前提之下，应对公司政治小靠智慧，大靠善德。

五、企业政治行为的道德判断

尽管企业政治行为基本上是负面的，但事实上企业政治并不是对公司只有坏的结果，有些政治行为则具有双面性，有时也会出现正面的结果大于负面的结果的情况。按照罗宾斯的定义，公司政治"不是由组织正式角色所要求的，但又影响或试图影响组织中利害分配的活动"，那么，当正式制度和角色安排无法解决问题时，且这种影响厉害分配不是为了个人或小团体利益时，处于"潜流"地带的非正式活动便能起到润滑剂的作用。这种"非正式组织"只是企业政治的微观表现形式之一。从更为宏观和深远的角度，可以认为，企业政治为企业锻造了一种准生态环境和人际调节模式。况且，组织政治行为是不可避免的，绝对杜绝企业政治是不现实的。在这种情况下，需要管理者善于利用企业政治的正面作用，而控制不道德政治行为的出现。

一般来讲，道德的政治行为能给公司带来正面效应大于负面效应的结果。道德的政治行为的三个主要指标是：非功利性、权利和公正。在企业政治行为活动中，只要不符合这三个指标中的任何一个都被视为是不道德的。有关企业政治行为的道德判断方法及步骤可以按图 5 - 2 所示流程进行。

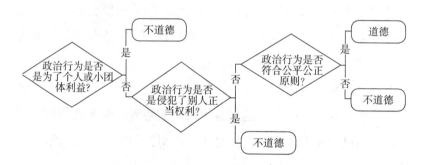

图 5 - 2　政治行为道德判断

道德活动总是与组织的目标一致，即非功利的。散布谣言说你公司推出产品的安全性值得怀疑，目的只是为了让这一产品的设计小组难堪，是不道德的。一个部门经理为了尽快签订一个关键合同，而与采购经理互惠互利，则没有什么不道德的。

侵犯别人正当权利的政治行为是不道德的。如果部门领导为了尽快签订一个关键合同，而采取了偷看采购经理私人信件了解情况，以便加速合同的签订，则是不道德的。

同样，不符合公平公正原则的政治行为是不道德的。部门领导夸大自己喜欢的员工的绩效评估结果，贬低不喜欢的员工的绩效成绩，然后根据这些绩效考核结果给前者大幅提薪，而后者什么也得不到，则是不道德的。

第六章
以实效为根本的循证管理

一、管理决策需要循证思维

企业政治问题因左右着公司管理的方向应被首先解决后，那么企业决策思维则因决定着管理决策的正确与否，也该尽快解决。在我们管理决策实践中存在的一个最大的问题就是因缺乏循证思维而如同"笼子里的猴子"。在企业管理实践中对成功企业做法不加借鉴地模仿、对过去经验或记忆的依赖、简单归因、相信商业传言和格言，以及为管理而管理的专业化思维，都是缺乏循证管理思维的表现。

循证管理思维脱胎于循证医学思维。循证医学思维可以归纳总结为：不要囿于以往的经验，也不要迷信书上的教条，而要根据临床证据，广泛采集证据进行系统分析，以提高医疗效果。同一种疾病，表现出的症状却有所不同；针对某一疾病的特效药，可能用在张三身上很灵而用在李四身上不见效；患者的情况不同，同一套治疗方案，对王五最佳而对赵六不佳。所以，循证医学强调医生应该将临床证据、医生的个人经验、患者的实际情况和意愿，这三个方面整合起来，寻找针对特定患者更为敏感和更加可靠的诊断方法，制定更为有效和更加安全的治疗方案。

循证医学与传统经验医学的不同，就在于循证医学可以克服经验医学的这些不足之处：首先，经验会排斥未知的新药物和新方法，临床医师不熟悉的东西，肯定不会得到应用；其次，由于因果关系的复杂性，会形成错误的经验与习惯；再次，通过实验证明或者理论推导证明有效的药物或治疗方法，并不一定有效或正确，如某种化学药物在理论上可以扩张血管，动物实验也证明了具有扩展血管的效果，但临床用于心血管疾病后却适得其反。循证医学就是针对这些局限性，用大样本的随机对照临床试验，对所有证据进行系统评价，汇总证据进行全面分析，以求取得不断改进的医疗效果。

由于企业管理与医学治疗具有相似性，20世纪40年代英国的管理学家厄威克首先提出了以医学为样板进行管理学研究的设想。厄威克认为，医学和管理学都是实践的艺术，同时也都是有缺陷的学科。以医学为对照，我们可以发现，如果没有研究而仅仅依赖个人的实践经验，所得到的知识和智慧是有用的但又是有限的；反过来，如果脱离了实践仅仅进行纯理论的研究，所形成的知识则有可能是没有实际效果的，而且可能误入歧途。所以，他强调要以医学院的范式来重建商学院，在实证研究上有新的突破。

尽管企业管理与医学治疗具有相似之处，但人们在实践中却似乎只是忽略对企业管理的循证思维。杰弗瑞·菲佛和罗伯特·萨顿指出，医学界一直没有偏离证据的支持来发展学科知识，但管理界却存在着太多不尊重事实的问题。在《管理的真相》中，他们挪揄说，英特尔的前董事长格鲁夫得了前列腺癌，他会很自觉地采用循证方式，尽可能搜集所有关于前列腺疾病的资料，跟踪各种相关数据，比较各种治疗方案的优劣和风险，用可信的证据引导自己进行治疗方案的选择。然而，同一个格鲁夫，在董事会进行决策时，则盲目相信期权激励可以带来好的经营效果，尽管期权的效用缺乏足够的证据，也没有令人信服的激励效果事实，但他却对期权激励深信不疑。不仅是格鲁夫有这样的问题，而且几乎到处都可以看到这种缺乏证据的管理。更重要的是，这种问题不仅常见于不景气的企业和不高明的管理生手，而且更常见于"看起来很好"的企业和精明过人的企业高管。

二、循证管理思维为何如此重要

将管理经验、管理理论、逻辑和证据集合起来的循证管理思维，是一种洞悉世界的方法，是一种思考如何磨炼管理技艺的方式。循证管理的理论前提是，尽量利用更合理、更深入的逻辑，充分援引事实，能帮助领导者更出色地完成自身工作。循证管理认为，直面确凿的事实，明辨传统管理经验中真假参半的危险传言，拒绝频繁被误认为合理建议的胡说八道，能给组织带来更好的绩效。

从经验管理，到科学管理，再到循证管理，是管理思想成熟和尊重事实和注重实效的结果。菲佛和萨顿认为，无论是循证医学还是循证管理，需要的都是一套有着两大元素的思维方式：首先，愿意把个人信仰和传统观念放到一边，坚持听信事实，并根据事实采取行动；其二，不懈地收集必要的事实和信息，做出更明智、更有见地的决策，跟上新证据的发展步伐，利用新的事实更新实践。事实循证管理，这就要求管理者放弃"公认真理"和"意识形态"，尊重事实和注重管理实效。

循证管理是对不成熟科学实践的有效解决方案。医疗与管理的研究，同自然科学的研究不一样。在自然科学研究中，理论不成熟时就不会去应用。而医学不成熟，病人还得医治；管理学不成熟，企业还得经营。所以，有限理性的思想，对于医学、管理学这类学科，具有更为重要的意义。当医生治病时，既要尊重前人和自己的经验，又要通过不断观察和实验来修正自己的经验；当经理人从事管理时，既要掌握和运用管理学理论提供的思路和方法，又要根据经营实践不断检验和调整自己的行为。尤其要指出的是，循证管理之"证"，不仅仅来自管理者自身，而是来自尽可能多的管理实践。米可斯维特和阿德里安·伍尔德里奇在《企业巫医》一书中认为，管理理论是一门不成熟的年轻科学，还在发展理论架构和定义其方法论的过程中。而循证管理正是针对这种不成熟科学实践的有效解决方案。

三、如何进行循证管理

提出管理决策。进行循证管理首先要确定一个决策议题，这个决策可以是自己提出的，也可以是别人提出的，只要在决策决定之前都可以进行循证。除了一些特别紧急来不及和根本不值得进行循证的决策外，原则上任何管理决策都应该首先进行循证。这里的管理决策也可以是针对问题原因的分析、得出一个结论、确定一个方案等，类似决策行为的过程都可以采用循证分析（图6-1）。

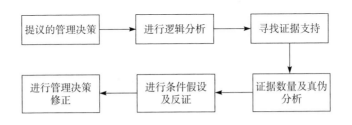

图6-1　循证分析步骤图

进行合理的逻辑分析。使用合理的逻辑和分析，并不是说你非得去上个统计或科学方法课。它的意思只不过是，你需要对阐释、逻辑和推论中存在的问题加以密切注意，没有明显的不足与漏洞。

寻找证据支持。循证管理的要求之一就是获得证据支持。有时候收集证据是困难的，但这并不就意味着我们可以放弃循证。企业可以保持循证态度，采取各种措施，收集新的信息和证据，按当前情况积极寻找最佳做法。很多决策有时很难得到数据和证据，此时管理者仍可以通过因果假设性逻辑做事。因果关系并不简单，它是研究者的圣杯，科学研究的主要任务就是在纷繁芜杂的世界中，探索事件的真相，并寻找隐藏在现象后面的因果关系。

证据数量及真伪分析。有些问题用一个、两个特例说明不了问题。将特例所得结果一般化是十分错误的。进行循证一定要有足够的数量才能支持结论。另外，对于这些证据的真伪也应该仔细辨析，尤其在互联网泛滥的时代，虚假的信息很多。

进行条件假设及反证。由于经验归纳出的东西存在偶然性真理可能，因此必须要经过假设证伪，对其成立的假设条件进行挑战，才能知道它是否正确。依据经验获得的结论需要经过"问题—猜想—反驳"的试错来替代"观察—归纳—结论"的证实机制。

进行管理决策修正。进行循证管理实践并不是止于对管理决策可行与否的判断。事实上循证管理实践是一个不断收集证据，不断修正决策，从而执行修正后决策的过程。

四、进行循证管理的条件与原则

进行循证管理的条件主要有两个：一是，避免个人英雄主义；二是，要有坦诚文化。个人英雄主义者不能容忍别人的意见以及循证对其权威的挑战。CEO和领导少点英雄主义，根据最佳的数据和见解运作，能为组织带来更好的绩效。菲佛认为，企业应当不计一切代价避免选用那些自以为什么都知道的人当管理者。在存在企业政治、缺少坦诚文化的环境中，实施循证管理也不可能进行下去。沉默、谎言最终会导致荒谬的决策。

除此之外，杰弗瑞·菲佛在《管理的真相：事实、传言与胡扯》中提出了9条原则。这些原则尽管并不是什么高深的道理，但告诉了我们如何形成一个良好的循证管理心态，从而促进循证管理的实施，这些原则是：

· 不要认为自己的组织很圆满，把组织和管理知识看成未尽的雏形，不断改进。

· 别吹牛，只讲事实；空话、大话、不实的吹擂，都是组织的毒药。

· 掌握显而易见的常识，不要对简单的常识视而不见而刻意追求专业深度。

· 以旁观者的眼光看待组织，过度乐观是一把双刃剑。

· 权力、威望和绩效让你顽固而愚蠢。

· 循证管理不仅是高管的事，要教导所有的人实践循证管理。

· 全力推销循证管理，把有效的证据变得生动鲜活，吸引人根据循证管理工作。

· 至少也要阻止错误方式的蔓延。

· 最佳诊断性问题：人们失败了会怎么样？要宽恕和包容错误才是正确的做法。

五、循证管理与实效结合

循证管理有助于我们得到正确的决策，但企业管理有时并不具有非白即黑的特征。有的管理决策从不同的视角看有不一致的特征，这可能会影响循证决策的分析逻辑。此时就需要将管理实效与循证管理结合起来进行。

爱迪思认为，管理的职能有两个任务，一是实现效益，二是实现效率。如果方案不能为企业带来效益或效率，那么方案再完美都是失败的。效益就是企业取得的成绩或获得的结果，企业的效益包含长期的效益和短期的效益。效率就是企业为取得成绩或获得结果而付出的成本，企业的效率包含长期的效率和短期的效率。企业要想取得长期的效益，就必须对未来关注，通过创新来实现长期效益。企业要想实现短期效益，则需要关注眼前行动，通过加强执行来实现短期的效益。企业要想取得长期的效率，就必须整合协同相关的资源，而企业要想取得短期的效率，就必须要注重行政管理。

一个良好的决策必须清楚逻辑地能解释"谁是顾客，我们为谁而存在（为谁干）"、"我们为什么而干，他们的真正需求是什么（为何干、何时干）"、"我们做什么才能满足顾客需求（干什么）"、"我们如何满足需求（怎么干：规范、制度、最小成本）"、"是否可行，其他利益相关者想什么（谁来做）"。如果能解释清楚这几个问题，就是好的决策（表6-1）。

表6-1　良好决策内容表

谁是顾客，我们为谁而存在（为谁做）？ 是否可行，其他利益相关者想什么（谁来做）？	长期效率
我们为什么而做，顾客的真正需求是什么（为何做、何时做）？	长期效益
我们做什么才能满足顾客需求（做什么）？	短期效益
我们如何满足需求（怎么做：规范、制度、最小成本）？	短期效率

第七章
突破认知局限的整合管理

一、整合是管理的真正精髓

自 1911 年弗雷德里克·温斯洛·泰罗的《科学管理原理》一书出版后，世界范围内掀起了一场企业管理的变革，同时也掀起了管理理论的研究热潮。这些热潮的结果是产生了大量的管理理论、思想、模式和方法，最终导致对管理认识的片面和混乱，进而导致了管理效率的低下。这体现在经理人对管理知识的滥用、缺失和偏颇，而管理效率并未得到很大的提高。管理科学之父德鲁克在《卓有成效的管理者》一书中写道"管理者必须讲工作效率"。然而"在我们这个时代里，有关管理的书籍和文章可谓汗牛充栋，但是很少有人重视管理者的效率问题"。"由此可见我们对管理的理解始终停滞不前"。

在明茨伯格看来，对管理理解的停滞不前，最大的障碍是认识的分割。每个人都只是抓住管理的一个方面而对管理的其他方面视而不见，如同盲人摸象，结果使得对管理认识不清。防止企业界这种对管理理论偏颇滥用的最好办法是"整（综）合"。

明茨伯格认为，"那些仅仅专注于管理某一方面而忽略了其他方面的管理大师，实际上并未拓宽我们认识管理的眼界，反而使我们的理解变得狭隘了"。德鲁克同样认为，专业化分工是一把双刃剑，专业部门像细胞一样不断分裂增长，各部门很自然地局限于各自的专业里，难以从公司整体的角度去思考和行动。由此可见，整合是管理的真正精髓。

二、整合管理的基本原则

对于整合管理而言，最重要的两条原则就是整体性原则和动态性原则。整体性原则和动态性原则也是系统理论的核心内容。管理实践只有把握了这两条原则，才能克服局限性问题，才能防止"盲人摸象"式的管理现象发生。

整体性原则。整体性原则认为，世界是关系的集合体。整体性是系统观的首要核心原则。整体性原则要求我们在管理实践中必须从普遍性出发，始终立足于企业整体，通过多角度、多方面思考和把握企业的管理实践。具体来说，第一，从单因素分析进入到系统的组织性、相关性的把握。由于系统的整体突现性，通过单因素分析无法真实把握整体性质和功能。因此，从组织整体方式上考察其相关性，是把握整体性的必由之路。第二，从线性研究进入到非线性研究。线性方法只能处理局部性的问题，不足以把握全局性、大范围的问题；同时线性方法只能把握相对简单的对象和对象相对简单的方面，不足以把握复杂性。而非线性是一切复杂性的根源，因此，为达到对对象整体和复杂性的把握，必须克服线性研究的局限性，建立非线性科学。第三从单向研究进入到多向研究。系统思想要求克服单向度的、单维的看问题的传统思维方式，转而采用多维的、乃至全维的思维方式。

动态性原则。动态性原则认为，世界是过程的集合体，任何系统都要经历一个系统的发生、系统的维生、系统的消亡的不可逆的演化过程。动态性原则要求我们不能把管理方法看作是一个静止的、永恒的东西，而应该克服静止的形而上学的思维方式，用发展变化的眼光看待其适用性。要从对系统整体的静态分析上升为对系统的发生、发展和消亡的总体过程的动态规律把握。

三、把握事物的规律

规律是物质运动过程本身所固有的、本质的必然的联系，不依人的意志创造、改变、转移或消除。不管人们是否认识或接受，它都客观地存在并起着作用。无论什么人，只要违背了客观规律，在实践中必然会遭到失败，甚至受到惩罚。作为管理实践而言，只有从整体的角度把握企业管理规律才能有的放矢，真正实现企业管理的实效。企业管理实现中的许多重大失败，就是因为企业管理者未能按照事物发展的规律办事，结果出现了拔苗助长式的成长笑话，陷入了森林迷失式的成长困境。有一些管理者终日忙忙碌碌却永远无所作为，与他们未能把握企业成长规律，抓不住企业问题的核心和重点有关。

始于20世纪50年代的企业成长阶段理论就是一种试图揭示企业发展规律的理论。企业成长阶段理论把企业成长发展看作是一种由若干阶段组成的过程，研究该过程中各个阶段的特征与问题，研究在不同阶段中影响企业成长的关键因素。企业成长阶段理论研究，发展至今已有20多种阶段模式并形成了多种学派，但最具影响力的是伊查克·爱迪思的生命成长阶段理论。成长阶段模型尤其是基于生命成长阶段的模型特别受大家欢迎，原因在于它能够预测企业成长阶段的问题和特征，可以帮助管理人员拨开迷雾，清楚地了解企业成长的过程，使管理人员知道企业各阶段管理的重点和特点。

在组织管理中，无论是企业老板，各中高层管理人员，还是咨询顾问，首先要识别和了解企业所处的生命阶段。在识别时，不但要把握整个企业处于哪一生命阶段，还要把握不同部门的生命阶段差别。其次，要仔细研究企业面临的问题，分清楚正常问题和不正常问题，确定患病企业需要解决问题的优先次序，并制定解决计划和方案加以实施。最后，除了对患病企业的主动管理外，企业管理者在被动管理时，也应结合企业生命周期的阶段，分析问题，解决问题。如企业树立文化、制定战略、实施管理、人员招聘与管理、进行决策等从事一切管理活动时，都应该基于企业所处的生命周期阶段的特点、问题和重点进行。

四、注重整体协调

对于企业而言，在企业成长生命周期的任何阶段，文化与战略管理、组织控制与运营管理、学习成长与人力资源管理、品牌与营销管理贯穿始终。在企业生命周期的各个阶段都应该有与之相适应的这四个方面的管理策略、内容和方法。如果把企业看做是一辆汽车，那么文化与战略管理则是汽车行程的目的地、导航仪和方向盘，组织控制与运营管理则是汽车的整体构架和传动系统，学习成长与人力资源管理则是汽车的发动机、汽油等动力系统，品牌与营销管理则是汽车的车轮与轮胎。只有这四个方面完美配合才是一辆好车。

五、抓住本质

对于企业管理而言，最难的管理是对人的管理，因为人的心理是复杂的。在弗洛伊德的人格理论中，他认为人的心理分为超我、自我、本我三部分。超我往往是由道德判断、价值观等组成，本我是人的各种欲望，自我介于超我和本我之间。正是由于人心理因素的作用，企业管理成败既不是决定于技术，也不是决定于知识，而几乎 100％ 的决定于组织的政治、人的心理和意识。因此企业在进行管理实践的过程中绝不能忽视企业管理外部社会普遍性的问题，如企业盈利与社会责任、商业伦理、企业政治、企业变革等问题。思考企业管理内容表象下面所隐藏的心智、人格、角色和动机等普遍性的实质问题，有助于把握实质，彻底根除问题，而不是就事论事地解决企业中的管理问题。

回归实效，方得始终

    在一个管理悖论盛行的时代，只有把握管理的目的，做事的时候才不会被各种条件和现象迷惑。管理是为了获得实效，在管理实践中要牢牢记住这一目的。管理不存在绝对的对与错，一种方案可能会解决了这个问题但带来了新的问题，而另一种方案可能又是另一种结果。良好的管理实践就是要不断选择和调整，在解决了所要解决的主要问题的同时，使其副作用最小化的过程。换句话说，良好的管理实践就是管理效益和效率最大化的方法。因此，我将以砍树的故事结束本书的内容：

    曾经有位老教授想对他的学生们做个测试，于是老教授问："如果你去山上砍树，正好面前有两棵树，一棵粗，另一棵较细，你会砍哪一棵？"

    问题一出，大家都说："当然砍那棵粗的了！"

    老教授一笑，说："那棵粗的不过是一棵普通的杨树，而那棵细的却是红松，现在你们会砍哪一棵？"

大家一想，红松比较珍贵，就说："当然砍红松了，杨树也不值钱！"

老教授带着不变的微笑看着大家，继续问："那如果杨树是笔直的，而红松却七歪八扭，你们会砍哪一棵？"

大家觉得有些疑惑，就说："如果这样的话，还是砍杨树，红松弯弯曲曲的，什么都做不了！"

老教授目光闪烁着，学生们猜想他又要加条件了。果然，他老教授又说："杨树虽然笔直，可由于年头太多，中间大多空了，这时，你们会砍哪一棵？"

虽然搞不懂老教授的葫芦里卖的什么药，大家还是从他所给的条件出发，说："那还是砍红松，杨树都中空了，更没有用！"

老教授紧接着问："可是红松虽然不是中空的，但它扭曲得太厉害，砍起来非常困难，你们会砍哪一棵？"

大家索性也不去考虑他到底想得出什么结论，就说："那就砍杨树，同样没啥大用，当然挑容易砍的砍了！"

老教授不容喘息地又问："可是杨树之上有个鸟巢，几只幼鸟正躲在巢中，你会砍哪一棵？"

终于，有人问："教授，您问来问去的，导致我们一会儿砍杨树，一会儿砍红松，选择总是随着您的条件增多而变化，您到底想告诉我们什么、测试些什么呢？"

老教授收起笑容，说："你们怎么就没人问问自己，到底为什么砍树呢？虽然我的条件不断变化，可是最终结果取决于你们最初的动机。如果想要取柴，你就砍杨树，想做工艺品，就砍红松。你们当然不会无缘无故提着斧头上山砍树了!"

记住，无论你在管理中采用的什么方法，回归实效，方得始终!

明茨伯格，等．战略历程：纵览战略管理学派［M］．刘瑞红，译．北京：机械工业出版社，2002.

明茨伯格，等．管理者而非 MBA［M］．杨斌，译．北京：机械工业出版社，2010.

杰弗瑞·菲佛．管理真相：事实、传言与胡扯［M］．邓瑞华，译．北京：中国人民大学出版社，2008.

杰弗瑞·菲佛．你所知道的管理是胡扯［M］．王恒，等，译．北京：中国人民大学出版社，2009.

杰弗瑞·菲佛，等．管理者的误区［M］．尤咏，译．南京：江苏人民出版社，2000.

弗里克·韦穆伦．管理的真相［M］．孙忠，译．北京：中国财政经济出版社，2012.

米可斯维特，等．企业巫医［M］．汪仲，译．北京：华夏出版社，2007.

伊查克·爱迪斯．企业生命周期［M］．赵睿，等，译．北京：中国社会科学出版社，1997.

伊查克．爱迪斯．把握变革［M］．赵睿，等，译．北京：华夏出版社，1998.

天外伺郎．绩效主义毁了索尼［J］．中国企业家杂志，2007（2）.

汤姆·彼得斯．重新想象：激荡年代里的卓越商业［M］．向妮，等，译．北京：华夏出版社，2004.

汤姆·彼得斯．汤姆·彼得斯的真实忏悔［J］．快速公司，2001（12）：78-92.

马海宽．经典畅销书《追求卓越》竟是大师捏造［N］．中华读书报，2003-

02 - 12.

神田昌典. 60 分钟经营战略 [M]. 杨洁, 译. 哈尔滨: 哈尔滨出版社, 2004.

彼得·德鲁克. 管理的实践 [M]. 齐若兰, 译. 北京: 机械工业出版社, 2009.

孙先红, 张治国. 蒙牛内幕 [M]. 北京: 北京大学出版社, 2006.

理查·德瑞提, 等. 公司政治 [M]. 侯东酌, 韩卫平, 译. 北京: 中信出版社, 2003.

李直. 公司政治解密 [M]. 侯东酌, 韩卫平, 译. 广州: 广东经济出版社, 2006.

图书在版编目（CIP）数据

管理悖论/王树毅著 . —北京：中国农业出版社，
2015.8
ISBN 978 - 7 - 109 - 20723 - 3

Ⅰ.①管… Ⅱ.①王… Ⅲ.①管理学 Ⅳ.①C93

中国版本图书馆 CIP 数据核字（2015）第 180442 号

中国农业出版社出版
（北京市朝阳区麦子店街 18 号楼）
（邮政编码 100125）
责任编辑 闫保荣
———————————
北京中科印刷有限公司印刷 新华书店北京发行所发行
2015 年 7 月第 1 版 2015 年 7 月北京第 1 次印刷
———————————
开本：700mm×1000mm 1/16 印张：7.5
字数：100 千字
定价：30.00 元
（凡本版图书出现印刷、装订错误，请向出版社发行部调换）